Como ser un imán para las personas

las personas

62 estrategias simples para construir relaciones fuertes e impactar positivamente en la vida de todas las personas con las que te comunicas

Marc Reklau

Advertencia

Este libro está diseñado para proporcionar información y motivación para nuestros lectores. Se vende con el bien entendido de que el autor no se dedica a prestar ningún tipo de consejo psicológico, legal o ningún otro tipo de asesoramiento profesional. Las instrucciones y consejos en este libro no pretenden ser un sustituto para el asesora- miento. El contenido de cada capítulo es la sola expresión y opinión de su autor. No hay ninguna garantía expresa o implícita por elección del editor o del autor incluida en ninguno de los contenidos en este volumen. Ni el editor ni el autor individual serán responsables de los daños y perjuicios físicos, psicológicos, emocionales, financieros o comerciales, incluyendo, sin exclusión de otros, el especial, el incidental, el consecuen- te u otros daños. Nuestros puntos de vista y derechos son los mismos:

Tienes que probarlo todo por ti mismo de acuerdo con tu propia situación, talentos e inspiraciones.

Eres responsable de tus propias decisiones, elecciones, acciones y resultados. Marc Reklau

Visita mi web: www.marcreklau.com

Apúntate a mi grupo de lectores para obtener libros electrónicos gratuitos, noticias, información sobre lanzamiento de nuevos libros, descuentos y más, y obtendrás las Hojas de trabajo de Coaching que cambiaron mi vida completamente de forma gratuita cuando te suscribas.

Por supuesto que puedes darte de baja en cualquier momento – incluso justo después de recibir tu regalo.

Apúntate para recibir tus hojas de trabajo aquí

Tabla de Contenidos

Introducción

Tu éxito y felicidad en la vida, en gran medida, depende de cómo te llevas con otras personas. ¿Eres capaz de influir y persuadirlos? Aunque el éxito puede significar algo completamente diferente para cada persona, hay un denominador común: otras personas

Les Giblin menciona en su libro "La Habilidad En El Trato con las Personas" que "varios estudios científicos han demostrado que si aprendes a tratar con otras personas, habrás recorrido el 85% del camino hacia el éxito en cualquier negocio, ocupación o profesión, y aproximadamente el 99% del camino a la felicidad." Estoy completamente de acuerdo. Aunque enseño que todos somos 100% responsables de nuestra propia felicidad, las personas son un factor grande y pueden influir enormemente en tu felicidad o infelicidad.

Tengo buenas noticias para ti. Los chicos y chicas buenos ya NO terminan los últimos. Si te llevas bien con la gente, las puertas se abrirán donde antes no había ninguna. Tenemos que aprender a llevarnos bien con la gente para poder ser felices y al mismo tiempo dejar intacto el ego de nuestra contraparte.

Las personas más exitosas son generalmente las que mejor se llevan con las personas. Por supuesto, siempre hay excepciones de la regla. La ciencia nos dice que el predictor # 1 del éxito y la felicidad duradera son nuestras relaciones sociales. ¡Las personas con una red social fuerte incluso viven más tiempo!

Las personas más exitosas, con bastante frecuencia, no son las que tienen una inteligencia superior o mejores habilidades, y las personas más felices la mayoría de las veces no son más inteligentes que nosotros, sin embargo, son las que se saben llevar mejor con otros..

No puedes obligar a que la gente te quiera, y este libro no trata de complacer a la gente o ser un pelota, pero si trabajas en tus habilidades de relaciones con personas, verás que las personas de alguna manera mágica cooperan más voluntariamente contigo, te aprecian más y finalmente te dan la aprobación y la aceptación que siempre has deseado, y lo mejor es que todo sucederá naturalmente.

Si ahora estás pensando : "Trabajaré en mis habilidades de tratar con la gente cuando la gente empiece a aceptarme más", es como tener sed y decir "Beberé cuándo ya no tenga sed". No esperes. Comienza a practicar tus habilidades sociales con las personas ahora.

En este libro, aprenderás principios específicos que puedes comenzar a practicar de inmediato. Seguro que la mayoría de ellos te suenan, no son nuevos, son de sentido común, pero siempre es bueno tener un recordatorio, porque como dicen "el sentido común es el menos común de todos los sentidos."

Se acabaron los tiempos en los que podrías forzar a las personas a actuar como tú querías, u obligarlos a que te diesen lo que querías. La mejor estrategia a partir de hoy es aprender habilidades sociales es decir cómo tratar bien a con las personas relacionarse bien con las personas.

¡Pongámonos a trabajar!

Parte I - Primero lo Primero

1 - Entendiendo la naturaleza humana

Si quieres desarrollar tus habilidades sociales, lo primero que debes hacer es obvio: tienes que entender a las personas. Debes saber por qué hacemos las cosas que hacemos y cómo reaccionamos en ciertas circunstancias. Entender a la gente significa reconocerlos por lo que son, no por lo que quieres que sean, ni por lo que crees que son, sino por lo que realmente son.

Entonces, ¿qué son? Vamos a "sacar al elefante de la habitación" desde el principio: La gente está, sobre todo, interesada en sí misma. Sip. Lo siento. No importa quién seas, la gente siempre estará mil veces más interesada en sí misma que en ti. Y no estoy juzgando. La cosa es que tú y yo también estamos mil veces más interesados en nosotros mismos que en otras personas, ¿verdad?

No te preocupes. Está bien. Es la naturaleza humana. Realmente, no estoy juzgando. Solo acepta esta incómoda verdad. Puedes estar mil veces más interesado en ti mismo que en otras personas, y aun así hacer cosas buenas por ellos, pero llegaremos a eso más adelante.

Las acciones de las personas se rigen por interés propio. Punto. Como dije antes, eso en sí mismo no es algo malo. No tienes que estar totalmente apologético o avergonzado. Es la naturaleza humana. Siempre ha sido así y probablemente siempre lo será. Es algo que todos tenemos en común.

En cada relación humana, tu contraparte siempre pensará o se preguntará "¿qué hay para mí?" Recuerda esta pregunta "¿Qué hay para mí?" Por cierto, TÚ te estás haciendo esta pregunta en todas tus interacciones también, conscientemente o de modo subconsciente.

¿Todo esto suena demasiado negativo? Bueno, ahora mejorará. Una vez que hayas aceptado esta verdad, puedes usarla con éxito en todas tus interacciones con la gente. Verás en los siguientes capítulos que muchas de las técnicas exitosas de tratar e influir en las personas se derivan de esta comprensión.

Las personas están ante todo interesadas en ellas mismas, más que en ti.

2 - El tema más importante de cualquier conversación

¿Estás listo para pulir tus habilidades de conversación? ¿Quieres saber cuál es el tema más importante y, en última instancia, más interesante del mundo de cualquier persona que quisiera hablar contigo?

¿Listo? Bueno. Aquí está:
El tema más importante del que cualquiera querrá hablar contigo es ... ELLOS MISMOS.

Lo siento si parezco cínico, pero es lo que es. Sin embargo, sigue conmigo. Este libro cambiará tus relaciones e interacciones con los demás. Simplemente sigue conmigo.

Entonces, cuando hables con la gente sobre ellos mismos, te amarán por tu sabia elección de tema. Estarán totalmente fascinados por el tema y mostrarán un enorme interés. ¿Alguna vez has estado en un evento de *Networking* o en un evento social y tuviste que hablar con una persona que sólo hablaba de sí misma todo el tiempo? ¿Como te sentías? ¿Estabas muy atraído por esa persona? ¿Querías pasar más tiempo con ella? ¿O simplemente esperabas una razón o excusa para salir corriendo?

Por otro lado, es posible que hayas hablado con una persona con habilidades sociales que habló sobre ti todo el tiempo, que hizo preguntas y que estaba interesado en ti, queriendo saber más de ti y ¿Cómo te sentiste?

¿Con cuál de esas dos personas preferirías estar?

Cuando hables con la gente, olvídate de "YO", "MI" y "MÍO" por un tiempo y sustitúyelo por una palabra que te convertirá en un compañero de conversación muy buscado: Cualquier palabra relacionada con "TU".

"¿Como TE puedo ayudar?" "¿Hay algo en que TE puedo ser de ayuda?" "Esto puede ser muy beneficioso para TI" "¿Cuál es TU ….. favorita?" etc.

Cuando pases de "Yo", "mi", "mío" a "TÚ" y "TI" y "TUYO", tu poder e influencia aumentarán en un grado significativo.

¿Quieres saber otra forma de utilizar el interés de las personas en sí mismos? Aquí viene: haz que hablen de ellos mismos. ¿A quién no le gusta hablar de ellos mismos? Si puedes mostrar verdadero interés y hacer que las personas hablen sobre sí mismas, les gustarás mucho, así que hazles muchas preguntas sobre sí mismas.

"¿Cómo va todo José? ¿Cómo está tu familia? ¿Cómo están las cosas en_____? ¿Qué has estado haciendo desde la última vez que nos vimos?

Deja de hablar sobre ti y comienza a hablar sobre la persona que tienes delante o haz que hablen sobre ellos mismos.

3 - Haz que las personas se sientan importantes

¿Qué hace que la gente actúe? ¿Qué hace que las personas hagan las cosas que hacen - buenas y malas?

El deseo de ser reconocido. El deseo de ser importante. El deseo de ser notado. El deseo de ser "alguien". Este es el motivador más poderoso. Es la razón para hacer cosas buenas y, desafortunadamente, para una mente retorcida, también es la razón para hacer cosas malas.

Podemos usar este rasgo universal de la humanidad para llevar nuestras relaciones humanas al siguiente nivel. No puedo mencionarlo con suficiente frecuencia: por supuesto, tu interés en la otra persona debe ser real. Queremos utilizar estas técnicas para convertirnos en imanes para las personas e influenciarlas, no para manipularlas.

Siempre cuando la gente habla de los mejores "imanes de personas" y de los líderes más hábiles, dicen algo como: "Hizo que todos se sintieran especiales", "Hizo que todos se sintieran como la persona más importante en la sala".

Aquí es donde queremos llegar. Esto es lo que queremos que la gente diga sobre nosotros algún día. Haz que las personas se sientan importantes. Cuanto más importante los hagas sentir, mejor responderán. Sí, tienes este poder. Puedes hacer que cualquier persona se quiera más. Haz que se sientan apreciados.

Dale a cada persona que encuentras la importancia que se merece, que es casi definitivamente la misma importancia que TÚ crees que mereces. No los ignores, no hables mál sobre ellos. Haz que se sientan importantes. ¡Escúchalos! Si no les escuchas, sienten que no son importantes. Felicítalos, pero sólo si es un cumplido sincero.

El reconocimiento y la apreciación son muy importantes. Nos hacen funcionar mejor bajo cualquier circunstancia. Utiliza su nombre tan a menudo como puedas. A las personas les gusta que las llamen por su nombres. Cuando hablen déjalas terminar. No interrumpas a la gente. Haz una breve pausa antes de responder. Esto les da la sensación de que has escuchado atentamente y estás interesado en lo que tienen que decir. También puedes asentir mientras hablan para demostrar que les estás siguiendo. Recuerda el capítulo 2. Utiliza "Usted" "Tu" y "tuyo" o "suyo". Evita "Yo, mío, mi". Si estás en un grupo, no ignores a las personas. Dales tu atención a todos.

Por lo tanto, para hacer que otras personas se sientan importantes, en primer lugar, TÚ debes pensar que SON IMPORTANTES. En segundo lugar, hay que interesarse en ellas. Cuando estas mostrando interés a las personas, les estás mostrando "Eres importante para mí". Y en tercer lugar, no olvides que no eres diferente, ya que también quieres sentirte importante.

Haz que las personas se sientan importantes y siempre estarán de tu lado.

4 - La característica más importante: estar de acuerdo con las personas

Este hábito te llevará muy lejos, créeme. Nada te ayudará más que estar de acuerdo. ¿Por qué?

Bueno, antes que nada, a la gente le gusta la gente que está de acuerdo con ellos. Segundo, a la gente no le gustan las personas que no están de acuerdo con ellas. Tercero, a la gente no le gusta estar en desacuerdo. ¿Tengo razón o estoy en lo cierto?

Adopta la actitud de estar de acuerdo. Aprende a estar de acuerdo con las personas y hazles saber cuándo lo estas. Asienta con la cabeza. Di "sí", "bien", "Estoy totalmente de acuerdo contigo", "Lo entiendo perfectamente". (Lo sé. Quizás no estás de acuerdo con ésto sigue leyendo...lo entenderás)

Como dicen, "cualquier tonto puede estar en desacuerdo con la gente" (y la mayoría de los tontos probablemente lo están). Estar de acuerdo con la gente, por otro lado, es una decisión sabia, inteligente y buena, más aún cuando la otra persona está equivocada. Sólo está en desacuerdo con la gente si no tienes otra opción. No te preocupes. Ocurrirá con menos frecuencia de lo que piensas. Cuando estés a punto de estar en desacuerdo con alguien, siempre ten en mente la pregunta mágica "¿Quiero tener razón o quiero tener mi paz?"

¡En ningún caso discutas! Repito: no discutas, incluso si tienes razón. ¿Por qué? Fácil: Nadie gana una discusión. Ambos pierden. Uno pierde, y el otro pierde incluso si tiene razón. Tampoco ganas muchos amigos discutiendo, ¿verdad? ¿Quién quiere estar con una persona que discute todo el tiempo de todos modos?

¡Entonces no discutas, y ni siquiera pienses en pelear! ¡Niégate a pelear! Algunas personas pueden incluso querer provocarte porque les encanta pelear. Se alimentan de peleas. Recuerda el dicho: "Si uno no quiere pelear, dos no pelean". Ignora a los que quieren pelear.

Cambia el tema, aléjate. Como sea, de todas formas no quieres a estas personas tóxicas como tus amigos.

Si te equivocas, admítelo. Es una característica de una persona fuerte, y serás admirado por ello, ya que las personas mediocres no admiten sus errores. Prefieren mentir, negar o encontrar excusas.

Recuerda a la gente le gustan las personas que están de acuerdo con ellos.

5 - Cómo hacer que la gente te quiera de inmediato

"Nunca tendrás una segunda oportunidad para causar una primera impresión". ¿Antiguo? ¡Sí! ¿Cursi? ¡Tal vez! Pero también una verdad como una catedral. Los expertos dicen que las personas deciden subconscientemente si les gustamos o no en unos pocos segundos. Los primeros segundos deciden en qué dirección va nuestra relación con ellos. Una vez que esté tomada esta decisión, es muy, muy difícil cambiarla. La persona que acabas de conocer ya sabe si quiere salir contigo o no. El ejecutivo de recursos humanos ya sabe si él o ella te ofrecerá un trabajo o no cuando estás entrando en la sala. Puede que todavía no sean conscientes de ello, pero lo saben.

¿Sabes cómo puedes hacer que la mayoría de la gente sea amigable, cooperativa y educada en esos primeros segundos?

SONRÍE - y sonríe mucho!

En el primer momento cuando se abre la puerta, cuando haces contacto visual, incluso antes de decir algo; Dale a la persona tu sonrisa más sincera. Una sonrisa puede hacer milagros. ¿Alguna vez lo intentaste?
Sonríe al panadero, al carnicero, en el metro, al quiosco de periódicos y mira qué pasa.
¡Sonríe incluso cuando estás hablando por teléfono! La persona en el otro lado del teléfono lo notará.

Sonreír es contagioso, por lo que en la mayoría de los casos, la gente te devolverá la sonrisa y será amable contigo. En la mayoría de las relaciones humanas, obtendrás de vuelta lo que envías a otras personas. Lo que se siembra se recoge. Sé amable con la gente y la gente será amable contigo. Sé grosero, y la gente será grosera.
Por supuesto, siempre hay excepciones a la regla. Entonces, si eres amable y tu contraparte es grosero ... ¡se aún más amable! Cuanto peor se porten contigo, mejor te portarás tú. Hazlo un reto.

Nadie puede resistir mucho tiempo contra la cortesía sincera, un buen corazón y una sonrisa. [Los que siguen antipáticos…no pierdas más tiempo con ellos - lo hablaremos en un capítulo más adelante…]

Por cierto … ¡sonreír no sólo es bueno para tus relaciones, sino también para tu salud! La ciencia ha demostrado que reír o sonreír mucho a diario mejora tu estado mental y tu creatividad. También altera tu respuesta al estrés en situaciones difíciles al disminuir la frecuencia cardíaca y disminuir los niveles de estrés. La sonrisa envía una señal a tu cerebro de que las cosas están bien. ¡Un estudio incluso ha encontrado un vínculo entre la sonrisa y la longevidad! Las personas sonrientes son percibidas como más confiadas y más propensas a confiar en ellos. La gente simplemente se siente bien a su alrededor.

Sonríe y gana en todas las relaciones.

6 - Cómo causar una buena impresión

Enseñas a las personas como tratarte por la forma en que te tratas a ti mismo. Si deseas causar una buena impresión, es crucial que te des el valor que mereces. Antes de esperar a que las personas te valoren, piensen bien de ti y te admiren, TÚ tienes que valorarte, pensar bien de ti y admirarte. ¿Me sigues?

No puedes esperar que otros crean en ti si tú todavía no crees en ti. Comienza a sentirte orgulloso de ti mismo, de quién eres, de vienes y de lo que haces para vivir, de lo que has hecho hasta ahora, de lo que has superado hasta ahora. ¡Este no es el momento de ser modesto! Aunque cuidado - tampoco es el momento de ser arrogante. Estoy hablando de una autoestima saludable. Saber quién eres, conocer tus fortalezas, pero también saber que no eres mejor que nadie (y recordar que nadie es mejor que tú tampoco).

Puedes influir en la opinión de otras personas sobre ti a través de tu comportamiento. Compórtate de una manera que tenga un efecto positivo en las personas. Manéjate con orgullo y confianza. Se sincero con las personas. Di solo las cosas que quieres decir. Como mencioné anteriormente, los cumplidos baratos, las promesas vacías y las palabras sin sentido siempre se descubrirán y causarán el efecto opuesto de lo que se quiere lograr. Siempre ten en cuenta que se tarda meses y años construir una buena reputación, pero tan solo unos segundos para destruirla. Si demuestras pasión y entusiasmo genuinos, será difícil resistirte y no quererte. El entusiasmo es contagioso.

También hay algunos cosas que pueden dificultar la buena impresión, como ser demasiado ansioso. Ser demasiado ansioso hace que la gente empiece a dudar y se pregunte, "¿Por qué está tan ansioso?", "¿Qué tiene que esconder?"
Nunca, nunca, nunca intentes lucirte o quedar bien, a coste de o derribando a otras personas. Esto te hace quedar fatal y puede dañar tu esfuerzo para hacer amigos e influir en las personas.

Recuerda: una persona que te trata con amabilidad y no respeta al camarero no es una buena persona. Manténte alejado de gente así, y aún más importante: en ningún caso seas una persona así (o la gente se mantendrá alejada de ti).

Haz de lo siguiente tu regla de oro: si no puedes decir cosas buenas, no digas nada. No humilles a la gente.

La opinión de otras personas sobre nosotros se basa principalmente en cómo nos comportamos.

7 – Cómo conectar con la gente

Una excelente manera de conectar con las personas es interesándose en ellas y en las cosas que les interesan.

En Barcelona por ejemplo, y probablemente en muchos otros lugares, por lo general, haces amigos fácilmente al hablar del tema aparentemente más importante de la ciudad: el fútbol. Ni siquiera importa cómo esté el equipo local; siempre hay algo de que hablar.

Averigua qué es lo que le interesa a la gente y luego inicia una conversación al respecto. Esto puede ayudarte a hacer nuevos amigos, así como en relaciones de negocios y oportunidades comerciales.

Hoy es más fácil que nunca. Si asistes a una reunión de negocios, conferencia o evento de *Networking*, puedes conocer los intereses de las personas en las redes sociales. Si haces un esfuerzo por estudiar sus intereses, seguramente obtendrás buenos resultados. Conozco a muchos vendedores que saben todo lo que puede interesar a sus clientes incluso antes de que se reúnan con ellos por primera vez en persona. Esos son también los vendedores más exitosos. Hablan de los intereses de sus clientes potenciales con verdadero interés y luego cierran la venta.

¡Interésate realmente en otras personas y habla en términos de lo que les interesa!

Si realmente quieres conectar con la gente, necesitas mostrar un interés real en ellos. Tienes que alejarte del "yo", "yo", "yo", del intento de impresionar a la gente con tus logros y llegar a interesarte genuinamente por otras personas.

La atracción comienza con pequeñas cosas como ser amigable, simplemente saludando a la gente (no te creerás cuánta gente está tan absorta en sí misma que ni siquiera saludan a la gente). Sé amable. Incluso cuando hablas por teléfono.

Si estás sonriendo hablando por teléfono, la persona en el otro lado de la línea puede sentirlo.

Ten en cuenta que a las personas les gusta ser admiradas, recuerda sus cumpleaños, haz cosas por ellos. Cuando las personas noten que estás interesado en ellas, se interesarán en ti. Pero tu interés debe ser sincero. Las personas pueden oler falsos elogios y el interés falso se nota a un kilómetro de distancia

Muestra un verdadero interés por ~~en~~ otras personas y triunfarás.

8 - Cómo desarrollar una personalidad atractiva

Pasando por la vida, todos queremos que nos quieran. Queremos tener amigos. Queremos ser interesantes. Queremos sentirnos importantes. Queremos atraer a amigos y a clientes de forma natural. Estoy seguro de que conoces a personas que son así. Entonces, ¿cómo lo están haciendo? Y aún más importante ... ¿Cómo puedes TÚ desarrollar estas habilidades?

Uno de los ingredientes más importantes es la aceptación. Tienes que aceptar a las personas como son. Tan simple y sin embargo a veces tan complicado, ¿verdad? Para hacerlo más fácil, recuerda estas cosas: La gente no es como tú. No son perfectos (tú tampoco lo eres, e incluso mejor, ¡no tienes por qué serlo!). No puedes cambiarlos, no importa cuánto te esfuerces. Es posible que no tengan los mismos valores que tú y que muchas veces no cumplan con tus altas expectativas.

Así que te lo pondré fácil: acepta y quiere a las personas tal como son. A largo plazo, eso será más influyente que cualquier otro consejo que te pueda dar.

Otro ingrediente es la aprobación. No importa cuantos defectos tenga alguien, siempre puedes encontrar algo que aprobar. Que la gente lo sepa porque ver estas cosas y mencionarlas las hará crecer. ¿Recuerdas nuestro hambre para el reconocimiento? Si comienzas a aprobar los rasgos de carácter en las personas, satisfacerás este hambre, y probablemente harás que estas personas trabajen en otros rasgos y habilidades de carácter para obtener más aprobación. Elogia a la gente y mira cómo crecen.

Por último, pero no menos importante, el tercer ingrediente: la apreciación . Después del amor, la apreciación es probablemente la fuerza más crítica del universo. ¿Cuándo se amargan nuestros matrimonios y empleos? Cuando ya no los apreciamos más.

Cuando no apreciamos lo que tenemos. ¿Y cómo hacemos crecer la felicidad y el éxito? Apreciando y agradeciendo lo que tenemos. Aprecia a tu cónyuge, a tus hijos, a tus empleados, a tu jefe, a tus clientes y lo más importante: Hazles saber que los aprecias. Muéstrate agradecido. Una excelente manera de mostrar tu agradecimiento es decírselo, pero hay más que puedes hacer. No hagas esperar a la gente. Se puntual. Hazles saber que estarás con ellos lo antes posible. Da las gracias a la gente. Una forma muy poderosa es escribirle a las personas una nota de agradecimiento o una carta. Trata a las personas como algo especial. Recuerda que todos queremos ser reconocidos por nuestra singularidad y nuestro valor intrínseco.

Acepta. Aprueba. Aprecia. Usa esta fórmula para convertirte en un imán de personas.

9 - Es lo que ellos quieren, no lo que tú quieres

Cuando quieras influir en las personas, siempre ten una cosa en cuenta: Es lo que ellos quieren, no lo que tú quieres.

Me encanta el ejemplo que Dale Carnegie puso en su clásico "Cómo hacer amigos e influir en las personas": A él le encantaban las fresas con nata, pero cuando iba a pescar no usaba fresas con nata como cebo para pescar, sino gusanos. A los peces les gustan los gusanos, no las fresas. Con los seres humanos pasa lo mismo. Estamos interesados en lo que queremos, pero nadie más lo está. Todos los demás son como nosotros: están interesados en lo que ellos quieren.

Entonces, si queremos influir en ellos, tenemos que hablar sobre lo que quieren y mostrarles cómo obtenerlo.

Tenemos que ponernos en su lugar y ver las cosas desde su punto de vista. Tenemos que hablar su idioma, usar las palabras que usarían ellos y hablar en términos de lo que quieren.

Si puedes mostrarles cómo puedes ayudarlos y concentrarte en lo que quieren ellos en lugar de en lo que quieres tú. Si puedes mostrarles cómo pueden resolver sus problemas, entonces mi amigo tienes más clientes, socios o amigos nuevos.

Como vendedor, por ejemplo, tienes que pensar lo que necesita tu cliente. ¿Qué problema puedes resolver para ellos? ¿Qué ventajas tiene tu producto? ¿Dónde estás mejor que tus competidores? Como líder o cónyuge, ¿tienes que ponerte en sus zapatos. ¿Qué necesitan tus empleados o tu cónyuge de ti? ¿Motivación? ¿Reconocimiento? ¿Elogios? ¿Gratitud? Estos nunca suelen fallar.

Cuanto más pienses acerca de las necesidades y deseos de otras personas, más relaciones exitosas obtendrás. Pero ten cuidado y no olvides tus propias necesidades y deseos.

Recuerda: se trata de lo que ellos quieren, no de lo que tú quieres.

Parte II – Comunícate efectivamente

10 - Escucha a la gente activamente

Una de las habilidades más críticas de un "imán de personas" es la habilidad de "escuchar activamente" o escuchar profundamente. Cuánto más escuches, más inteligente te volverás. También te querrán más, y a la gente le encantará tener conversaciones contigo. ¿Por qué? Porque serás de una raza rara. La mayoría de la gente nunca escucha.

Una persona que sabe escuchar siempre tendrá la ventaja sobre un buen hablador porque él o ella siempre permite que las personas escuchen a su orador favorito del mundo: ellos mismos.

Si bien hablar demasiado te traiciona, escuchar te hará parecer mucho más inteligente, porque le estás dando importancia a lo que la otra persona tiene que decir en lugar de jactarte de tu conocimiento.

Entonces, ¿cómo te conviertes en una persona que sabe escuchar? Aquí vamos::

Escuchar profundamente significa escuchar a la persona que está frente a ti mientras le prestas toda tu atención. Mira a la persona que está hablando. Escucha con tus ojos, con tus oídos, con todo tu cuerpo y sigue mirándolos. Asienta con la cabeza para mostrarles que estás de acuerdo con lo que dice, sonríe.

Inclínate hacia el orador. Muestra interés. Muéstrales que no quieres perderte ni una sola palabra. Haz preguntas. Esto le mostrará al que habla que estás escuchando y le adulará. Pueden ser preguntas muy simples como "y luego qué pasó" o "y luego, ¿qué hiciste?"

Calla la vocecita en tu cabeza que da consejos y una solución treinta segundos después de que la persona comience a hablar. No escuches para contestar. Escucha para comprender. Si estás ensayando lo que vas a decir a continuación, ¡no estás escuchando!

No interrumpas al orador hasta que él o ella haya terminado, o simplemente no esperes que tu contraparte haga una pausa para que puedas comenzar a hablar. No cambies de tema. Por el contrario pide más información.

Si quieres dar consejos, pide permiso. La mayoría de las veces, la persona que está hablando llegará a su propia solución, si dejas que él o ella termine.

No olvides usar "tú" y "tuyo" en lugar de "yo, mí, mío".

Pruébalo! Convertirte en una persona que sabe escuchar llevará tus conversaciones y relaciones a un nivel completamente nuevo. Cuando la gente siente que los estás escuchando, automáticamente les gustará estar cerca de ti.

¡Sé una persona que sabe escuchar!!

11 - Conviértete en un *influencer*

Influir en las personas significa hacer que hagan lo que tú quieres que hagan. Entonces, el primer paso lógico será descubrir aquello qué hará que lo hagan. Necesitas saber lo que quieren. Necesitas saber que los motivará, qué los moverá. El mayor error que cometemos al tratar de influir en las personas es que pensamos que a otras personas les gusta lo mismo que nos gusta a nosotros, que están motivadas por las cosas que nos motivan a nosotros, y que van detrás de lo mismo que nosotros buscamos. Bien. En la mayoría de los casos, no. Todo el mundo es diferente. Todos tenemos valores diferentes. A todos nos gustan cosas diferentes, y cada uno tiene motivaciones diferentes.

Para influir en las personas, necesitas descubrir lo que quieren. Una vez que sepas lo que quieren, puedes hacer que actúen diciéndoles lo que quieren escuchar.

Les muestra cómo pueden obtener lo que quieren haciendo lo que quieres que hagan. Sip. Eso es manipulación en su nivel más alto, así que espero, querido lector, que solo desees lo mejor para las personas a las que quieres influir porque este poder, al igual que el poder de la electricidad o el átomo, se puede usar para crear algo hermoso o para destruir. Elige sabiamente.

En primer lugar, tendrás que averiguar qué quieren las personas, qué buscan. Si quieren seguridad, háblales de seguridad. Si quieren dejar su trabajo diario, muéstrales maneras de dejarlo, si quieren libertad financiera, háblales de la libertad financiera. Lo importante es averiguar qué quiere la gente y luego mostrarles cómo obtener lo que quieren haciendo lo que tu quieres que haga (por ejemplo, comprar el curso, comprar la ropa, venir a trabajar para ti, etc.).

Si estás buscando trabajo, primero debes averiguar qué es lo que el empleador está buscando, qué habilidades y responsabilidades son necesarias para el trabajo, y luego muéstrales que tu puedes satisfacer estas necesidades mejor que nadie. [Lo sé. Suena super fácil. En realidad es más difícil y tendrás que trabajar bastante - pero funciona]

Cuando sepas lo que alguien está buscando, puedes hablarle en el idioma que quiere escuchar.

Así que, de ahora en adelante, escucha con atención lo que dice la gente, observa con gran interés lo que hace y haz muchas preguntas. Haz un esfuerzo para averiguar qué quieren las personas y luego úsalo para influir en ellas.

Averigua qué es lo que más quiere la gente…

12 - Cómo convencer a la gente muy rápido

La mayoría de las veces, las personas con las que te encuentras serán escépticas de ti y de lo que dices. No te preocupes. Eso es humano. Sea lo que sea lo que digas, pensarán que es probable que desees venderles algo (un producto, tu mejor versión, etc.) y a las personas no les gusta que les vendan. Les gusta tomar sus propias decisiones, o al menos sentir que están tomando sus propias decisiones.

Una excelente manera de convencer a la gente es citar a alguien. Es por eso que los testimonios y las opiniones de otros, en otras palabras, la "prueba social" funciona muy muy bien. Deja que alguien más hable por ti, incluso si la persona no está presente en el momento.

• Si estás vendiendo algo y te preguntan acerca del producto, cita una opinión relevante de un cliente. En ese caso, tu cliente está respondiendo la pregunta aunque él o ella no está contigo.

• Si alguien quiere saber si les estás pagando a tus proveedores a tiempo, puedes mencionar cuán contentos están tus otros proveedores contigo pagando sus facturas a tiempo.

• Si estás aplicando para un empleo, menciona todas las cosas buenas que tus antiguos jefes y colegas dicen sobre ti.

¿Notas algo? No has respondido ninguna de estas preguntas. Tus clientes, proveedores, antiguos jefes y colegas han respondido por ti.
Es un misterio psicológico. Cuando le dices a la gente directamente lo bueno que eres, son muy escépticos, pero no tienen ninguna duda de que lo que les dices es verdad si lo cuentas a través de los testimonios de terceros.

Habla a través de terceras personas. Cita estadísticas y/o personas. Relata hechos. Cuenta historias de éxito.

13 - Haz que la gente te diga que ¡SI!

Probablemente sabes cómo hacerlo. Si no, éste será un capítulo importante para ti y puede cambiar toda tu vida: hacer que las personas te digan que "sí" tiene mucho menos que ver con la suerte o tu estado de ánimo de lo que crees. Disfruta aprendiendo una gran habilidad en este capítulo. La habilidad que aumentará las posibilidades que la gente te diga que "sí" y no lo olvides: si logras que te digan que sí, puedes hacer que hagan lo que quieras que hagan.

1. Dale a la gente razones para decirte que sí

Todo el mundo tiene una razón para hacer lo que hacen. Si quieres que alguien haga algo por ti, dales una razón para hacerlo. Por supuesto, la razón debe ser para su ventaja o beneficio - si no, no lo harán. Diles cómo se beneficiarán al hacer lo que quieres que hagan.

2. Haz "preguntas afirmativas"

Es más fácil obtener un "sí" de las personas si ya tienen una mentalidad de "sí". Esto se hace haciéndoles dos o más "preguntas afirmativas". "Preguntas afirmativas" son preguntas que solo se pueden responder con "sí" [supongo que hasta aquí no hay sorpresas.]. La idea detrás de esta técnica es que una vez que las personas respondan tres o cuatro preguntas con "Sí", es mucho más probable que sigan diciendo que sí.

¿Quieres ser feliz?
¿Quieres ser independiente?
¿Quieres vivir una vida libre de preocupaciones?
¿Vas a comprar mi próximo libro? :)

Enfatiza las preguntas afirmativas asintiendo con la cabeza mientras haces las preguntas.
Quieres un gran futuro, ¿verdad? (Asintiendo con la cabeza)
Quieres el mejor producto, ¿verdad? (Asintiendo con la cabeza)

3. Dales una opción entre dos síes

No le des a la gente una opción entre sí y no. Permíteles elegir entre decir sí a una cosa o sí a otra cosa que les estás ofreciendo. Deja que las personas elijan entre actuar de la manera que deseas de una forma u otra. Lo que sea que elijan, te dirán que sí. Si quieres una cita con Lucie, pregúntale:

"¿Te gustaría vernos mañana por la tarde o por la noche?" (Desearía haber tenido esa habilidad hace 25 años ... desafortunadamente, entonces en su mayoría hice preguntas de si o no cómo "¿Quieres ir a una cita conmigo?" y en su mayoría la respuesta era no ...)

Cuando le estás dando a la otra parte una opción entre sí y no, es posible que escuches muchísimos noes. Es mucho mejor no hacer preguntas abiertas:
"¿Quieres el rojo o el negro?" En lugar de "¿Quieres uno de éstos?"
"¿Quieres comenzar hoy o el miércoles?" En lugar de "¿Quieres comenzar hoy?"
"¿Quieres pagar en efectivo o con tarjeta de crédito?", En lugar de "¿Quieres ésto?"

No estoy diciendo que ésto funcione siempre, pero tu tasa de éxito seguro que aumentará. Seguramente funcionará mucho mejor que dar a las personas la posibilidad de elegir entre responder sí o no. La confianza también juega un papel fundamental. Cuánto más creas en ti mismo o en tu producto, más posibilidades de éxito.

4. Espera que la gente te diga si

Esto también se llama confianza. Si miras hacia atrás en tu vida, apuesto a que siempre que tenías mucha confianza, cuando realmente, pero realmente esperabas un sí, sin la menor duda, -recibías un sí. Así que confía y déjale saber a la gente que esperas que digan que sí. Por supuesto, esta técnica no funcionará todo el tiempo, y tendrás que practicarla como si practicaras a jugar al tenis o al golf, y así mejorarás.

Obtén los sí, sí y sí fáciles, y más síes seguirán.

14 - Habla menos, haz más

Eres lo que haces, no lo que dices que harás. Si quieres cambiar el mundo, deja de hablar de ello y comienza a actuar. Coge un bolígrafo y escribe un artículo o un libro. Deja de quejarte de lo inútil que son los políticos, únete a un partido político y se más activo en política.

Las acciones hablan más que las palabras o cómo dijo Ralph Waldo Emerson "Tus acciones hablan tan fuerte que no puedo escuchar lo que estás diciendo." Si quieres impresionar y atraer a la gente, no sólo hables sobre lo que vas a hacer por ellos. Demuéstralo. Las personas que sólo hablan de las grandes cosas que harán por sus amigos, su compañía, su comunidad y nunca siguen con la acción pierden credibilidad y, tarde o temprano, nadie más los tomará en serio. Lo que es aún peor es que un día ya ni siquiera ellos se creerán a sí mismos y su autoestima se verá afectada porque cada vez que decimos algo y no lo hacemos, nuestra autoestima sufre. Si no seguimos lo que decimos con acciones, principalmente le estamos diciendo a nuestro subconsciente: "Lo que digo no importa". Y si lo hacemos con demasiada frecuencia, concluimos que "No importo, no valgo nada". Así que ten cuidado con lo que dices y si lo dices hazlo.

Habla menos y convence a las personas que te rodean con tus acciones. No les digas a tus amigos cómo vas a ayudarles. Ayúdales. No te jactes de lo generoso que eres, dona a la caridad. No le digas a tu jefe lo gran trabajador que eres, deja que tu trabajo y tus números hablen por sí mismos. (Algunos jefes no pueden ver tu gran trabajo, por lo que también tienes que jactarte de ello, pero esa es la excepción a la regla).

Deja de hablar y empieza a hacer. AHORA.

15 - Respeta las opiniones de los demás

Dejemos una cosa clara desde el principio. No tendrás razón todo el tiempo. E incluso cuando tienes razón, es mucho más beneficioso para ti no probar que los otros están equivocados. No nos gusta estar equivocados. Y si se demuestra que estamos equivocados de una manera que daña nuestra inteligencia, nuestro respeto por nosotros mismos y nuestro orgullo, seguramente no lo admitiremos. Es imposible cambiar las opiniones de las personas después de haber herido sus sentimientos.

Decir cosas como "te lo voy a demostrar" es como decir "Soy más inteligente que tú y lo voy a demostrar" y lo único que causará es oposición y hará que sea imposible que cambies la opinión de la contraparte. Si quieres demostrar que alguien está equivocado, debes actuar de manera más inteligente. Hazlo sutilmente para que nadie se dé cuenta de que lo estás haciendo.

Empieza por admitir que quizás estas equivocado. Esto cambia todas las conversaciones. Estás admitiendo un error. "Podría ser que esté equivocado, pero mirémoslo". Esto no causa oposición. Nadie se opondrá nunca a que digas "Puede que esté equivocado, pero mirémoslo" [Si tu conoces a alguien déjamelo saber porque yo no encontré nadie] - En cambio, detendrá todos los argumentos e inspirará a tu contraparte a ser tan honesto y abierto como tú.

Muestra respeto por la opinión de la otra persona. Ponte en sus zapatos y trata de entenderla. Sé diplomático y cortés. Obtendrás mucho más con esta táctica que con solo decirle sin rodeos a una persona que está equivocada. ¿Alguna vez notaste que cuando admites que estás equivocado, en lugar de defenderse, la otra persona se vuelve empática y en lugar de burlarse de ti incluso te consuela?

Si siempre quieres tener la razón y siempre tienes que señalar los errores de los demás pronto estarás solo, y nadie va a querer estar cerca de ti.

Utiliza la diplomacia, sé inteligente, sé sutil. No señales que otras personas se están equivocando.

16 - ¡Se Auténtico. Se transparente Se tú!

Si quieres tener éxito con la gente tienes que ser real. Se Auténtico. ¡Se tú!

No juegues ningún papel. Deja que las personas sientan que lo que ven es lo que eres. Puede ser difícil al principio porque todos tenemos miedo que a las personas no les guste cómo somos, pero eso es simplemente otra película mental. Otra creación de nuestra mente: el mayor productor mundial de telenovelas y dramas. Conoce tus fortalezas, conoce tus debilidades, acepta la vulnerabilidad y asume la responsabilidad de tus errores. Eso es todo lo que tienes que hacer. No más. No menos. ¡La gente conectará contigo en un nivel más profundo! No temas el juicio de los demás. Te querrán por ser auténtico.

Lo peor que puedes hacer es decir cosas o estar de acuerdo con las personas sólo para complacerlas. Eso no es ser hábil con la gente. Esa es una señal de baja autoestima. Di lo que realmente piensas. Por supuesto, eso no significa que puedas ser grosero o sin tacto. Recuerda: si alguien tiene ideas diferentes a las tuyas, eso no las hace menos válidas. Se honesto y transparente. Nada bueno viene de ser deshonesto. Di tu verdad.

No te pongas una máscara. Deja de jugar roles para complacer a otros. Deja de fingir y permítete ser tú. Las recompensas son impresionantes. Y lo más divertido es que te darás cuenta de que cuánto más eres tú mismo; más personas se sentirán atraídas hacia ti! ¡Pruébalo!

Deja de jugar papeles. ¡Se tú!

17 – Comunícate efectivamente

Una cosa que las personas exitosas tienen en común es que son muy buenas comunicadoras. Saben exactamente cómo expresar sus ideas, emociones, deseos, esperanzas y decepciones. Esta es una ventaja considerable sobre las personas más introvertidas o personas que no pueden expresar sus ideas o no saben cómo iniciar una conversación, especialmente con gente que no conocen.

Pero no te preocupes si perteneces al segundo grupo, esto puede solucionarse en poco tiempo. Aquí hay algunas sugerencias:

1. Deja de tener miedo a decir algo demasiado trivial, algo inadecuado o algo que no tenga ningún sentido y, sobre todo, relájate, porque …

2. …No necesitas ser perfecto. Así que deja de intentarlo. Nadie puede fascinar a los demás todo el tiempo. Sé auténtico y habla desde el corazón. La gente lo apreciará.

3. Haz *small talk*. Es casual y no pretende ser brillante. Se supone que es fácil y para empezar una conversación. No te esfuerces demasiado y simplemente hazlo. (Truco: como todo lo demás, mejora con la práctica)

Probablemente, la mejor forma de iniciar una conversación y de llegar a ser un grande en las pequeñas conversaciones es:

4. Haz que tu interlocutor hable de él o ella mismo/a. Haz preguntas sobre los intereses de los demás como ¿Por qué? ¿Dónde? ¿Cómo? Por ejemplo: ¿De dónde eres ¿En qué trabajas? ¿Y la familia? Comienza la conversación haciendo preguntas sobre la otra persona y luego relájate y escucha ... y haz algunas preguntas más. Ellos te amarán por eso. En un mundo en el que todos quieren hablar de sí mismos continuamente, escuchar es ORO.

Este es un gran rompehielos, y la otra persona puede hablar sobre un tema en el que son expertos ... ellos mismos.

Haz que otros hablen de ellos mismos y jurarán que eres el mejor conversador que hayan conocido. Sigue haciendo preguntas y te dirán que eres una de las personas más interesantes que hayan conocido.

Haz preguntas, y ya casi llegas.

18 - El pecado mortal en las relaciones humanas que debes evitar

Recuerda lo que mencioné en uno de los capítulos anteriores. Como humanos, somos innatamente egoístas.

Eres humano, por lo que estarás tentado a hablar de ti mismo. Quieres brillar. Quieres ser admirado. Quieres ser reconocido. Quieres impresionar. De todos modos, estarás mucho mejor si puedes resistir esta tentación. Si sigues enfocando la conversación en los demás en lugar de en ti mismo, tendrán una opinión mucho más alta de ti.

Una de las mejores preparaciones es siempre preguntarte qué quieres sacar de la situación, antes de cada reunión, llamada telefónica o conversación. ¿Quieres el permiso de la otra persona para algo? ¿Quieres hacer negocio? ¿Quieres obtener su visto bueno? Si quieres algo de esto, mantén la conversación enfocada en ellos. Si sólo quieres hinchar tu ego, entonces sí ... habla de ti todo el tiempo, pero luego no esperes nada más de la conversación.

Si quieres hinchar tu ego, sé como el autor que, después de hablar dos horas sobre él mismo, miraba a su compañero y dijo: "Basta de hablar tanto de mí. Hablemos de ti. ¿Qué opinas de mi último libro?

Si quieres tener éxito, deja que otros hablen sobre ellos mismos y escucha. Sólo habla de ti mismo cuando se te invita o se te pida que lo hagas. Si otros están interesados en ti, te lo pedirán. Si es así, habla un poco sobre ti y luego vuelve a concentrarte en ellos..

No seas egoísta. Mantén el enfoque en ellos.

Parte III - Reglas Básicas

19 - ¡Di gracias!

Si has leído otros libros míos, escuchaste una entrevista, me viste hablar o en la televisión, entonces sabes que soy un gran admirador de la gratitud. Creo que es una de las fuerzas más poderosas del universo y estar muy agradecido no solo trae cosas buenas a nuestras vidas, sino que también nos hace notar más y más de aquellas cosas que ya están allí.

En nuestro camino para convertirnos en imanes de personas y encontrar nuevos amigos, la gratitud debe ser uno de los ingredientes principales. No es suficiente sentirse agradecido hacia las personas y permanecer en silencio. Debes mostrar esta gratitud y aprecio a todos los que lo merecen.

Es de la naturaleza humana querer y responder a las personas que nos aprecian y nos muestran gratitud. Agradece a la gente y muéstraselo con palabras amables o con pequeños gestos y puedes estar seguro de que volverá a ti multiplicado.

La "actitud de gratitud" tiene innumerables beneficios. Si la practicas tan sólo por un par de semanas, serás más feliz, más optimista y más conectado socialmente; dormirás mejor y tendrás menos dolores de cabeza; Tendrás más energía, más inteligencia emocional; serás más indulgente y será menos probable que estés deprimido, ansioso o sintiéndote solo.

Ser agradecido es tan bueno para ti como para la persona a quien le estás agradecido. Vale la pena intentarlo, ¿no? De todos modos … hay algunas reglas básicas a seguir. Una vez más, tienes que ser sincero y decirlo en serio cuando agradeces a las personas. La gente puede distinguir claramente si estás genuinamente agradecido o no. Si no es real, no tendrá ninguno de los beneficios. Di "Gracias" o "Te aprecio" o "Me alegra tenerte en mi vida" alto y claro.

Dilo con alegría. Mantén el contacto visual. Significa mucho más cuando miras a las personas que agradeces a los ojos. Diga "Gracias, Pedro", "Gracias, Maria". Utiliza los nombres de las personas. Marca una gran diferencia.

Practica agradeciendo a la gente. Cambiará tu vida. Si quieres convertirte en un maestro en agradecer a las personas, no sólo les des las gracias por lo obvio, deles las gracias por lo no tan obvio.

Tan simple, y tan poderoso. Pocas cosas son más importantes que la capacidad de agradecer adecuadamente a las personas.

Deja que el poder de la gratitud cambie tus relaciones y tu vida para mejor.

20 - Admite tus errores

No hay nada malo en cometer errores. Eres humano. Los humanos cometen errores. Deja de sentirte como una persona mala, tonta o inútil simplemente porque cometes un par de errores de vez en cuando

¿Alguna vez conociste a alguien que tuvo dificultades para admitir sus errores? Tal vez inventaron excusas y justificaciones, o incluso peor, ¿culparon a otra persona por su error? ¿Cómo te hizo sentir? ¿Esta persona ha ganado tu confianza? ¿Te hizo querer conocerla mejor y pasar más tiempo con ella? ¡No lo creo!

Entonces, ¿qué conclusiones sacamos de esto? ¡Correcto! Si queremos construir confianza con la gente e influenciarla y queremos ser auténticos, tenemos que encontrar la fuerza para admitir nuestros errores, incluso si es difícil. No desperdicies tu energía inventando excusas o justificaciones.

Haz que admitir tus errores sea un hábito. Es una señal de fortaleza y, como no es un rasgo tan común, sorprenderá a la gente y es posible que incluso te admiren por ello. Admitir un error y asumir las consecuencias requiere mucha más fuerza que la negación de ellos. Y es mucho más saludable. En lugar de perder energía negándolo, te la liberará.

Cuando trabajé en la Volkswagen en México, mi jefe me dejó conducir su coche cuando tenía que hacer un recado. (La planta es enorme. Es como una ciudad propia, así que te mueves en coche) Un día, conduciendo y sin prestar atención, golpeé el bordillo con el neumático delantero derecho. Aproximadamente tres horas después, mi jefe quería usar su coche y vio que tenía el neumático delantero derecha sin aire. Volvió a la oficina y nos lo dijo preguntando si alguien sabía lo que había pasado. Unas cuatro personas habían usado su coche ese día.

Todos miraron al suelo. Fácilmente podría haber jugado el inocente, mirar en el aire y no haber hecho nada.

Después de dos minutos tensos, reuní mi coraje y se lo dije. "Podría haber sido yo. Golpeé el bordillo". Vi el alivio en los rostros de mis colegas, de repente se relajaron e iban directamente de mirar el suelo a burlarse de mí.

Mi jefe me dijo: "Bueno, lo menos que puedes hacer es ayudarme a cambiar la rueda". Y nos fuimos. Me disculpé una vez más con él. Estaba agradecido de que admitiera mi error. Este incidente llevó nuestra relación a otro nivel. Sabía que podía confiar en mí y que siempre admitiría mis errores.

Reconocer tus errores es una señal de fortaleza y madurez. Sólo tienes un problema si no aprendes nada de tus errores y repites el mismo error una y otra vez. Si esto sucede, debes observar el patrón y buscar la lección y la experiencia de aprendizaje. Eso es. Eso es todo lo que tienes que hacer.

Admite tus errores, pero evita repetir los mismos una y otra vez.

21 - Deja de chismear

Si quieres tener éxito en tus tratos con otras personas, es inevitable dejar de lado el hábito tóxico de los chismes.

Lo sé, a veces es muy tentador escuchar los últimos rumores de otras personas. El problema es que probablemente la persona que te dice estos rumores comienza a difundir rumores sobre ti, una vez que le des la espalda. Pero lo que es aún peor para tu reputación es lo que sucede si tú eres el que está difundiendo las pequeñas historias sucias. ¿Qué pasa si tus oyentes llegan a la misma conclusión lógica que mencioné anteriormente? Lo peor que te puede pasar es que comiencen a preguntarse qué dices sobre ellos a sus espaldas.

Entonces, si alguien comienza a chismear en tu presencia, lo mejor que puedes hacer es cambiar el tema. "Ay, Carlos, no me interesan estas cosas, ¡prefiero escuchar más sobre ti! ¿Cómo has estado? ¡Cuéntame sobre las últimas vacaciones tuyas por las que estabas tan emocionado! ¿Qué más está sucediendo en tu vida?" O dices "Lo siento, realmente no me gusta hablar de personas que no están presentes".

Manténte alejado de los chismes y los rumores, ya que sólo son dañinos y destructivos. Además, pueden llevar a grandes malentendidos. Recuerda que a veces le cuentas a alguien una historia bastante inofensiva y, viajando de una persona a otra, la historia cambia por completo y empeora cada vez más. Empiezas a decir que Anna tiene un fuerte resfriado y al final de la línea de chismes, la pobre Anna está al borde de la muerte. No dañes tu confiabilidad y tus relaciones con los chismes. Ten conversaciones sinceras y profundas y cosecha los beneficios más adelante.

Deja de chismear. Todo el mundo quiere estar con una persona de integridad.

22 - Deja de juzgar

Si quieres convertirte en un *influencer* y hacer amigos, nunca debes dedicarte a un hábito muy tóxico: juzgar y condenar a los demás. La gente no quiere ser juzgada. Punto. La gente quiere ser querida, sentirse importante y apreciada. No juzgado.

Ponte en los zapatos de otras personas y camina una milla en ellos antes de siquiera pensar en juzgarlos. Toda la gente a la que conocemos en nuestro viaje llamada vida están luchando su propia batalla única, y no tenemos idea de con qué están lidiando. De la misma forma que ellos no tienen idea de por lo que estamos pasando nosotros. Sé amable. Muestra empatía. Sé que es más fácil decirlo que hacerlo, pero en tu camino para ser un imán de personas, no hay forma de evitarlo.

Si hay cosas que no te gustan de otras personas, cosas que realmente te molestan. Pausa un momento y reflexiona. ¿Estas son quizás cosas que te molestan de ti mismo? Sé consciente del hecho de que cada vez que juzgas a alguien, realmente te estás juzgando a ti mismo. .

Observa lo que más te molesta de otras personas. ¿Es por ejemplo que nunca llegan a tiempo?
Lo sé. Eso es realmente molesto, especialmente si TÚ siempre llegas a tiempo, ¿no? Mira un poco más de cerca. ¿Realmente estás siempre a tiempo? O tal vez en algunas áreas tampoco lo estés y haces esperar a las personas.

A veces, cuando algo nos molesta acerca de las otras personas, debemos mirarnos a nosotros mismos porque podríamos estar haciendo exactamente esas cosas a otras personas sin darnos cuenta. Por eso tienes personas cuya vida está en desorden diciéndote cómo debes vivir tu vida; personas con un montón de deudas que te dicen cómo llevar tus finanzas; personas con sobrepeso que te dicen que comas más sano; personas desorganizadas y estresadas que imparten seminarios sobre la gestión y organización del tiempo, etc. Antes de juzgar a otras personas debemos poner nuestra propia casa en orden.

Intento evitar juzgar a las personas, ya que me he encontrado más de una vez en las mismas situaciones que las personas que juzgué antes. Fue entonces - cuando estuve en la misma situación que ellos - cuando llegué a entenderlos. Realmente hay algo en el dicho "Camina una milla (o quizás diez) en mis zapatos antes de que me juzgues".

No juzgues a la gente. Una vez que estés tentado a juzgar, mírate a ti mismo y ve si tienes los fallos que juzgas en otras personas.

23 - Perdona a todo el mundo

¿Alguna vez has estado cerca de personas amargas que no pueden soltar el pasado? Personas que todavía guardan rencor porque alguien les hizo algo hace mucho tiempo y siguen rumiando, quejándose y hablando de ello. ¿Qué tal? ¿Te gusta su compañía? Apuesto que no. Recuerda esto cuando estás en una situación similar. No es divertido estar cerca de los que se quejan y de los amargados.

¡El antídoto para ésto es el perdón! Ser una persona que perdona a los demás no solo es bueno para tus relaciones con otras personas, sino que también es la vía rápida hacia el éxito y la felicidad.

No se trata de estar bien o mal; se trata de que estés bien y no desperdicies energía. Perdona incluso si fue la otra parte la que te hizo daño. Lo estás haciendo por ti mismo!

Estar resentido o enojado con la gente, revivir el odio y la ira una y otra vez es tóxico. Es tóxico para tus relaciones; es tóxico para tu energía; Es tóxico para tu salud. Dicen que estar enojado y tener resentimientos hacia otra persona es como beber veneno y esperar que la otra persona muera.

Si aún no lo estás haciendo, a partir de hoy, hazte un gran favor y perdona a todos (incluyéndote a ti mismo). Repito: no lo estás haciendo por la otra persona; más bien, lo estás haciendo por ti mismo. Una vez que perdones y sueltes, dormirás mejor, disfrutarás más de tus momentos presentes y te quitarás un gran peso de los hombros.

Tener rencores nunca hizo ningún bien a nadie. Al contrario. Empeora las cosas. Te está lastimando más que a nadie. Los sentimientos negativos que sientes dañarán tu salud y tu carácter.
Tu enfoque permanecerá estancado en las heridas pasadas, y esto podría atraer aún más experiencias desagradables en tu vida.

No me malinterpretes Perdonar a los demás no significa que seas estúpido. Tampoco ser una persona perdonadora significa que las personas pueden caminar encima tuyo cómo les plazca. Establece límites claros, pon límites al comportamiento de los demás o llámales la atención. Las personas que no acepten estas reglas o que te hagan daño tienen que irse de tu vida. No los necesitas en tu vida, pero hazte un favor: no les guardes rencor.

Déjalos ir, perdónalos, olvídalos y sigue adelante. Aprende de la experiencia y permanece abierto a nuevas experiencias y mejores tiempos.

¡No seas tonto! ¡Perdona a todos y haz que tenerte cerca sea un gusto!!

24 - Mantén tu palabra

Recuerda que una buena reputación construida durante mucho tiempo puede ser destruida en segundos. Por ejemplo, al no cumplir tu palabra. Si hablas mucho pero no cumples con tu palabra, las personas perderán la confianza en ti. Esto es lo peor que puede pasar porque todas las relaciones personales y profesionales se basan en la confianza.

Y aún empeora, porque sabes quién también perderá la confianza en ti. ¡TÚ! Pagas un alto precio psicológico y emocional cada vez que mientes, haces trampa o eres deshonesto. Cada compromiso que haces, incluso aquellos que haces con otras personas, es en última instancia un compromiso contigo mismo. Si no cumples con tus compromisos y promesas, te estás enviando el mensaje "mi palabra no vale nada. Por lo tanto, YO no valgo nada".

¿Cómo puedes evitar esto?

1. Nunca hagas promesas que no puedas cumplir y supera las expectativas en todo lo que haces.
2. Si dices que vas a estar en algún lugar, estate allí.
3. Di todo lo que dices en serio. Si no lo crees de verdad, no lo digas.
4. Haz lo que dices que vas a hacer.
5. No mientas. Si no puedes, no quieres o no vas a hacer algo, dile la verdad a las personas de inmediato.
6. No juegues con las emociones de la gente.
7. No digas cosas solo para impresionar. Se auténtico.

Cuando dices mentiras o cuando quieres impresionar a la gente constantemente, lo que realmente te estás transmitiendo a ti mismo es: "NO SOY LO SUFICIENTE BUENO COMO YO SOY. Necesito ser otra persona para que los otros me quieran." Ahí es cuando dañas tu autoestima y tu confianza en ti mismo.

Cuando dices la verdad, el mensaje que te comunicas a ti mismo es que tus palabras son dignas, tus palabras son importantes. Tú importas.

En ningún caso debes hacer grandes promesas que no puedes cumplir. No prometas grandeza para después entregar mediocridad. Esto dañará tu reputación y repelerá a la gente.

Se inteligente y haz lo contrario: promete menos y cumple con creces. Esto aumentará tu valor a los ojos de los demás, pero también a los ojos de tu crítico más duro ... tú mismo. La gente se sentirá bien contigo porque estás superando constantemente sus expectativas, y vas más allá cada vez. Un buen subproducto de esta estrategia es que también experimentarás mucho menos estrés y estarás más relajado.

No dañes a tu reputación ni a tu autoestima. Di la verdad y cumple con tus compromisos.

25 - Trata a los demás como te gustaría que te tratasen a ti

Hay un concepto que todas las religiones y filosofías tienen en común: fue lo primero que me dijeron hace 25 años cuando comencé a trabajar en Disneyworld. Es la regla de oro. "Haz a los demás lo que te gustaría que te hicieran a ti". Trata a las personas como quieres que te traten a ti. He seguido esta regla la mayor parte del tiempo en mi vida. Me ha traído una gran alegría, relaciones significativas y, probablemente, me ha salvado de muchos problemas.

¿Quieres recibir más cumplidos? Da más cumplidos. ¿Quieres ser más admirado? Admira más. ¿Quieres ser más amado? Ama más. ¿Quieres que se reconozca tu verdadero valor? Reconoce el verdadero valor de los demás. ¿Quieres apreciación sincera? Da aprecio sincero a los demás.

Si puedes dar sin esperar recibir nada a cambio, llevarás tus relaciones a otro nivel. ¡Empieza a practicar AHORA!

Si el camarero te trae el plato equivocado en el restaurante, dile "Lamento molestarlo, pero pedí…". Estoy seguro de que te dirá "No hay problema en absoluto" y regresa con el plato correcto. ¿Por qué? Porque le dejaste salvar su cara. Mostraste tu respeto. Llegarás lejos con pequeñas frases como "Lamento molestarte", "Podrías ser tan amable", "¿Te importaría"? "Por favor …"

Hace un tiempo vi una foto divertida en las redes sociales. Era una tabla de precios con los siguientes precios:

Café!:	5,00 EUR
Un café:	3,00 EUR
Buenos días! Un café por favor:	1,00 EUR

Vivimos en una sociedad que anhela aprecio, reconocimiento y sentirse importante.

La vida de muchas personas probablemente podría cambiar si simplemente alguien las hiciera sentir importantes, las apreciase y reconociera su valor. Puedes ser ese alguien. ¿Cómo? ¿Cuando? ¡Todo el tiempo, en todas partes!

Como siempre, debes ser sincero en tu aprecio, reconocimiento y elogio hacia otras personas o no funcionará.

Trata a los demás como te gustaría que te trataran ellos.

26 - Recuerda los nombres de las personas

Nuestro nombre es la conexión más significativa con nuestra identidad e individualidad. Nos distingue y nos hace únicos entre todos los demás. Para algunos, es incluso la palabra más importante en su mundo.

Sin embargo, la mayoría de nosotros no recordamos nombres. Muchas veces estamos tan ocupados ensayando que decir a continuación, que nos olvidamos del nombre que nos dijo la persona que acabamos de conocer. No nos tomamos el tiempo para concentrarnos y quedarnos con el nombre repitiéndolo en nuestra mente. No te preocupes. No estás solo. ¡Incluso me pasa a mí! Estoy aprendiendo a medida que escribo este libro y al final de este capítulo sabrás por qué recordar los nombres de las personas es tan importante y qué beneficios te traerá.

Entonces, ¿por qué debemos recordar los nombres de las personas? En primer lugar, usar el nombre de alguien al interactuar con ellos es uno de los secretos más simples y profundos del éxito. ¿Por qué? Porque mostramos a la gente que nos preocupamos por ellos. Nos preocupamos lo suficiente por ellos para recordar su nombre. Es una señal de cortesía y una forma de reconocerlos. No lo subestimes, incluso si parece ser increíblemente básico y simple.

Cuando recuerdes el nombre de una persona la próxima vez que te encuentres con ella, dejarás una impresión duradera, porque le mostrarás que fue lo suficientemente importante como para que recuerdes su nombre. Esto podría ser el comienzo de algo especial porque esta persona ahora siempre te asocia positivamente. Te acordaste de su nombre. La hiciste sentir importante y respetada.

Dale Carnegie tenía razón. Nuestro nombre es el sonido más dulce e importante en nuestros oídos. Cada vez que alguien lo menciona en una conversación, nos hace sentir bien (si la conversación es positiva) nos hace girarnos hacia el que habla y nos da un impulso de felicidad y el sentimiento de "Él / ella lo volvía a hacer.

¡Volvió a mencionar mi nombre, debo ser importante!" (Si solo me pasa a mi, házmelo saber ... es posible que tenga que mirármelo).

¿Cómo te sientes cuando alguien menciona tu nombre? Importante, ¿verdad? Cada vez que digas el nombre de una persona, la cargarás con una serie de sentimientos positivos, y al final de la conversación, probablemente se sentirán conectados positivamente contigo. Siempre se dice de las personas más carismáticas que hacen que la persona con la que hablan se sienta como la persona más importante del mundo. ¿Cómo lo están haciendo? Utilizan el nombre de esta persona con frecuencia y hacen preguntas: "Entonces, dime, Juan, qué te trajo aquí." "Eso es muy interesante, Juan." "Disculpa un segundo Juan, acabo de ver a mi amigo Barney allí. . ."

Trate de usar nombres en todas partes. En el supermercado o en las tiendas. Recuerda el nombre de la camarera, de la mujer de la limpieza y del ejecutivo y mira lo que provoca. Probablemente magia.

Recuerda los nombres de la gente. Harás que se sientan más importantes, y lo más importante es que desarrollarás mejores relaciones y confianza.

27 - Evitar argumentos

¿Alguna vez realmente, realmente has ganado una discusión? ¿Sí? No lo creo. Es posible que hayas "ganado" el argumento, pero seguramente perdiste la simpatía de tu "oponente". Demostrando que alguien está equivocado no lo hace como tú? A veces, es mejor mantener la paz y la armonía que tener razón. Realmente no ganas nada por ser un sabelotodo. Sólo haces que las personas se sientan incómodas y en el peor de los casos ataques su dignidad. Recuerda: este es un libro sobre cómo hacer amigos e influir en las personas. Los argumentos, sabiendo todo mejor que tus compañeros, o hasta ridiculizando a las personas no tienen cabida aquí.

Evita los argumentos. El 99% de todos los argumentos terminan con cada una de las partes aún más convencidas de que tienen razón. Como dije antes: no puedes ganar una discusión. Si la pierdes, la pierdes; Si la ganas, también la pierdes. ¿Por qué? Porque hiciste que la otra parte pareciera inferior e incluso podrías haber herido su dignidad. Y si. Probablemente no hayas cambiado su opinión de todos modos.

¿Cuántas veces ganaste una discusión con tu jefe? Si le diste eh. Ganaste. ¿Y la promoción? ¿Llegó de inmediato o todavía estás esperando? ¿Cuántas veces ganaste una discusión en contra de un cliente? ¿Tenías razón ¿Si? ¿Ganaste? Ey. Felicidades ¿Compró? Probablemente no. ¡Vaya! Pero tú si ganaste el argumento. Sí es posible, concéntrate en las cosas en las que estás de acuerdo con la otra parte en lugar de centrarte en las cosas en las que os diferenciáis.

Si alguien quiere iniciar una discusión contigo, ponte de acuerdo con ellos. ¿El coche azul es mejor que el rojo? ¡Sí! Tienes razón. Punto. No hay lugar para una discusión. Evitar discusiones no es una señal de debilidad. Es una señal de fortaleza e inteligencia.

Recuerda, de todos modos no puedes ganar. Si discutes y contradices, puedes ganar una discusión de vez en cuando, pero es una victoria agria porque nunca obtendrás la buena voluntad de tus oponentes. ¿Y cuál prefieres? ¿Una victoria o la buena voluntad de una persona?

¿Te has dado cuenta de que cuánto más discutes con una persona, más tercos se vuelven? La gente quiere sentirse importante, y mientras discutas con ellos sobre un asunto, algunas personas tienen este sentimiento de importancia. Entonces, en lugar de perder el tiempo discutiendo con ellos, dales la sensación de significado que anhelan tanto y gánate su buena voluntad. Los argumentos se resuelven poniéndote en el lugar de la otra persona, tratando honestamente de ver las cosas desde su punto de vista.

Evita los argumentos. Ahorra tu tiempo. No puedes darte el lujo de perder el tiempo discutiendo, ni puedes permitirte el lujo de enfrentar las consecuencias.

Entonces, cuando no estés de acuerdo con alguien, recuerda lo siguiente para no permitir que se convierta en un argumento:
Controla tu temperamento y escucha. Deja que la otra parte hable y no interrumpas. ¿Hay alguna parte en la que estés de acuerdo? Se honesto. Discúlpate por tus errores. Esto sorprenderá a tu oponente: recuerda que no hay muchas personas que puedan admitir errores. Promete a estudiar las ideas de tu oponente y reflexionar sobre ellas y agradécele su tiempo y sus comentarios. Se sincero.

Hazte las siguientes preguntas: ¿Podrían tener razón? ¿Qué beneficio tendrá mi reacción? ¿Qué precio tengo que pagar si tengo razón? ¿Es mejor estar callado? ¿Dónde está la oportunidad aquí?

Evita los argumentos. No puedes ganarlos.

Parte IV - Predicar con el ejemplo

28 - Elogia y reconoce a las personas con honestidad y sinceridad

El elogio y el reconocimiento son necesidades básicas de las personas. Necesitamos sentirnos importantes; Estamos deseando apreciación. Recuerda cómo te sientes cuando alguien te elogia o te hace un cumplido. Recuerda cómo ilumina tu momento, tu tarde, tu día e incluso a veces tu semana. Mark Twain dijo que podía vivir dos semanas de un buen cumplido, y yo también. ¿Y tu?

Los estudios demuestran que los equipos con gerentes que reconocen y elogian su trabajo son hasta un 31% más productivos. Las empresas que tienen un entorno de trabajo basado en el reconocimiento y elogio multiplican sus beneficios.

Ni siquiera necesitamos estudios para ello. Sólo recuerda cómo te sientes cuando te elogian. Y ahora te voy a contar un secreto: los demás se sentirán exactamente como tú. Nunca dejes que las palabras amables se desperdicien al no decirlas.

Dile a la gente las cosas amables que te gustaría escuchar. No escatimes con elogios y reconocimiento, ya que hace milagros, y es completamente gratis. No te cuesta nada decir palabras agradables a los demás.

Entonces, de ahora en adelante, recorre la vida en busca de alguien y algo para alabar y luego hágalo.

Sólo ten en cuenta que el elogio tiene que ser sincero. Si no lo es no lo des. Elogia el comportamiento, no la persona. Creará un incentivo para que otros actúen de la misma manera.

Ejemplos:
"Tu trabajo es excelente" en lugar de "Eres un gran tío".
"Tu arte es simplemente hermoso" en lugar de "eres un buen artista."
Elogiar y reconocer a las personas tiene un efecto secundario notable: hace felices a todas las personas involucradas.

El que recibe el elogio y el qué elogia. Ver la felicidad y la gratitud que traes a los demás al adoptar este hábito te hará sentir increíblemente bien.

Convierte en un hábito diario decir cosas amables al menos a tres personas diferentes.

29 - Muestra amabilidad y respeto a todos

Muestra a cada persona que conozcas o encuentres amabilidad y respeto. Cada persona tiene una historia tan convincente y complicada como la tuya. Así igual que tú eres extraordinario, ellos también lo son.

Dales una oportunidad justa para interactuar contigo. No cometas el error de juzgarlos o descartarlos de inmediato. Puedes aprender algo de todas las personas a los que conoces en el viaje de tu vida.

Muchas veces en mi vida, las personas de las que primero pensé "Qué tipo más raro" o "No parece ser muy inteligente" se han convertido en mis mejores amigos. Si encuentras la gente con amabilidad y respeto y grandes cosas pueden venir de ello.

De vez en cuando, puedes estar decepcionado cuando eres amable con las personas y ellas no responden, o tal vez incluso se aprovechan de ti. No dejes que esto te cambie. No es tu problema; es el suyo. Es un precio que vale la pena pagar por conocer a todas estas otras personas geniales que entrarán en tu vida.

Incluso las personas groseras que te encuentras merecen tu amabilidad y respeto. Bueno, en realidad son ellos quienes más la necesitan. Recuerda: si alguien es grosero contigo, es su problema, no el tuyo.

Ten en cuenta que "lo que siembras recoges". Si tratas a las personas con paciencia y respeto y eres amable con ellas, atraerás a personas agradables a tu vida a largo plazo.

Un buen truco que aprendí hace mucho tiempo cuando era camarero en Disneyworld en Orlando, Florida, es que si alguien era grosero conmigo, me volvía cada vez más amable con ellos, y cuanto más groseros se volvían, más simpático era yo. Funcionó. En el 99% de los casos, terminé ganando su simpatía. ¿Cómo lo sé? Por la cantidad de propinas que me daban.

No estaban acostumbrados a ésto porque, por lo general, obtienen su energía de personas que se ponen a la defensiva y se enojan con ellos.

La mejor manera de mostrarle a los groseros tus dientes es sonreírles.

Muestra a todo el mundo amabilidad y respeto. Se lo merecen. Incluso los "malos".

30 - No des órdenes directas, sé más sutil

A la gente no le gusta recibir órdenes directas. Va en contra de nuestra naturaleza. Puedes convencer a las personas mucho más sutilmente haciendo preguntas como "¿Consideró esta opción" O "¿Crees que funcionaría?" O "¿Qué pensarías de esto?", "¿Tal vez este funcionaría mejor?"

Da siempre a las personas la oportunidad de hacer las cosas por sí mismas. Que lleguen a sus propias soluciones; Deja que aprendan de sus errores. Así es como se quedan con el aprendizaje. Tiene el efecto secundario positivo de que no hace que no ataques la dignidad de una persona y esta mantiene su sensación de ser importante en intacto. Este tipo de tratamiento de las personas fomentará su cooperación en lugar de ir en contra de ti. También evitará el resentimiento y la ira.

Hacer preguntas no sólo es una manera más fácil de obtener resultados, sino que también estimula la creatividad de la persona a la que estás preguntando. Es mucho más fácil para las personas aceptar una decisión o una orden si al menos sienten que tuvieron su parte en el proceso.

A menudo, si tienes un desafío, es una manera mucho mejor de explicárselo a tus empleados, amigos o familiares que dar órdenes estrictas. Si le preguntas a la gente, ellos dan con las mejores soluciones. Utiliza ese potencial.

Los líderes eficaces utilizan el poder de las preguntas en lugar de dar órdenes directas.

31 - Cree en el potencial de las personas

Si uno de tus empleados o miembros del equipo ya no rinde como antes, puedes amenazarlo, lo que sólo causa resentimiento y quizás su rendimiento sufra aún más o incluso puedes despedirlo, pero eso no soluciona nada, ¿verdad? Te costará tres veces su salario anual el traer, entrenar y llevar a un nuevo empleado a su nivel. Un amigo mío que es un exitoso hombre de negocios, en estos casos, invita a sus empleados a conversar de corazón a corazón. Les dice a sus empleados que estaba satisfecho con su rendimiento, pero notó una caída y le pregunta qué puede hacer para ayudar. "¿Cómo podemos resolver este problema juntos?"

Si deseas mejorar una habilidad específica en una persona, actúa como si ya la tuviera. Goethe ya lo sabía hace cientos de años: "Si tratamos a las personas como deberían ser, les ayudamos a convertirse en lo que son capaces de llegar a ser".

Recuérdales a tus empleados su trabajo sobresaliente en el pasado, dales una visión de sí mismos que estén ansiosos a cumplir, crea en ellos y estarán a la altura de la ocasión. Funciona. No es magia. Es el efecto Pygmalion: nuestra creencia en el potencial de una persona da vida a ese potencial.

Míralos como si ya tuvieran el rasgo, háblales como si ya tuvieran el rasgo. Deja que el efecto Pygmalion trabaje para ti y verás como suceden milagros.

Cuando Robert Rosenthal y su equipo fueron a una escuela primaria a finales de los años sesenta e hicieron algunas pruebas de inteligencia a los estudiantes, les dijeron a los maestros que los estudiantes José, María y Pepe tenían resultados extraordinarios y eran superestrellas académicas. Super inteligentes.

Los maestros no pudieron mencionar esto a los estudiantes, ni tratarlos de manera diferente, y para hacerles entender la seriedad del proyecto, incluso se les dijo que los estaban observando.

Al final del año, las pruebas se repitieron y, para sorpresa de nadie, José, María y Pepe demostraron nuevamente su capacidad intelectual fuera de serie. ¿Otra vez? Bueno, lo divertido fue que los investigadores mintieron a los maestros la primera vez. Cuando se hicieron las pruebas la primera vez, José, María y Pepe fueron absolutamente normales y los investigadores los seleccionaron al azar. Llegaron a la conclusión de que la mera creencia de los maestros en el potencial de los estudiantes daba vida a ese potencial.

Puedes dirigir a las personas fácilmente y hacer que confíen en ti si tienes su respeto y te ganas ese respeto al creer en ellas y al mostrar respeto por sus habilidades y su trabajo.

Recuerda que el efecto Pygmalion puede ocurrir en cualquier parte. Las expectativas que tienes sobre tus compañeros de trabajo, tus hijos, tus amigos y tu cónyuge, ya sean o no mencionados, pueden convertir esa expectativa en realidad.

Cree en el potencial de las personas, y verás cómo los milagros suceden.

32 - Se un ejemplo

Estamos influyendo continuamente en las acciones y actitudes de otras personas, no solo de las personas con las que tenemos contacto, sino también en sus cónyuges, hijos y colegas. Entonces, la pregunta es en qué dirección los influenciaremos? La mejor manera de influir en otros es ser un ejemplo. Trata a los demás como quieres que te traten. Adopta la actitud que quieres que otras personas te muestren. Es posible que hayas escuchado la teoría de que otras personas son como un espejo hacia nosotros. ¡Observa este hecho de cerca!

Tal Ben-Shahar contó una vez esta historia sobre una madre con su hijo que vino a ver a Gandhi por un consejo y la madre le dijo a Gandhi: "Por favor maestro, dígale a mi hijo que coma menos azúcar". Gandhi los observó a ambos y luego, después de un momento de silencio le dijo a la madre "Regresad en un mes". La madre estaba asombrada porque le gustaba que Gandhi hablara con su hijo, pero siguió su orden. Cuatro semanas después volvieron. Una vez que fue su turno, Gandhi miró al niño y dijo: "Hijo. Realmente debes comer menos azúcar." La madre lo miró y le dijo: "Maestro, ha sido un viaje tan largo y tuvimos que viajar dos veces para verte. ¿Por qué no pudiste decir eso hace un mes? No lo entiendo." Y Gandhi dijo: "Porque hace un mes yo estaba comiendo demasiado azúcar."

La mejor manera de cambiar a las personas es cambiarlas con tu ejemplo. No le digas a tu pareja que vaya al gimnasio y pierda algo de peso. Ve al gimnasio y pierde algo de peso. No les digas a tus empleados que atiendan todas las llamadas telefónicas, mientras tu no contestas el teléfono. Coge cada llamada telefónica primero. Si "prescribes" capacitación para tus empleados, debes ser el primero en participar en esa capacitación. Cuando tus empleados vean que vas en serio con respecto al cambio, ellos también se pondrán serios.

Necesitas aceptar que no puedes cambiar a los demás. Lo que puedes hacer es aceptarlos como son y ser el mejor ejemplo y la mejor persona que puedas ser. En lugar de quejarte de tu pareja, tus colegas o tu cónyuge, sé el mejor colega o cónyuge posible.

¿No estás contento con tus empleados? ¡Sé el mejor jefe posible! Cuando se cambia de "otros, tiene que cambiar" a "qué pasa si cambio yo, quizás el otro también cambie", todo cambiará.

Sé el ejemplo de lo que quieres ver en el mundo.

33 - Permanece humilde

Permanece humilde. Mientras que algunas personas en nuestro mundo impulsado por el ego piensan que las personas humildes son débiles y pasivas y carecen por completo de autoestima, la ciencia y los estudiosos religiosos están de acuerdo en que la humildad es una virtud y una fortaleza de carácter.

La mayoría de las veces, cuando observamos ésto con atención, notamos que la mayoría de las personas exitosas en los negocios y los deportes, en realidad, se han mantenido humildes. ¿Con quién preferirías pasar tu tiempo? ¿Con una persona que tiene éxito pero se mantiene humilde o con un fanfarrón arrogante?

Las personas humildes tienen una idea clara de sus habilidades y logros; Reconocen sus defectos y admiten errores y limitaciones. Están abiertos a nuevas ideas, incluso si no están totalmente de acuerdo con ellas. Aprecian el valor de todo y aceptan que hay muchas maneras diferentes en que las personas pueden contribuir a este mundo.

Los estudios demuestran que las personas humildes son más admiradas y que la mayoría de las personas ve el rasgo de carácter de la humildad como positivo. En un estudio, los maestros humildes son calificados como más efectivos y los abogados humildes son calificados como más agradables por los jurados. En otra encuesta, más del 80% de los participantes indicaron que es importante que los profesionales demuestren modestia y humildad en su trabajo.

En su libro "Gratitude Works" (p.124), Robert Emmons nos muestra veinte prácticas de humildad en la vida cotidiana de Paul Wong. Son los siguientes. Verás muchos de los principios de los que hablamos en este libro:

• Reconocer tus errores
• Recibir corrección y *feedback* gentilmente
• Abstenerse de criticar a los demás
• Perdonando a otros que nos han hecho mal.

- Disculparnos con los a que hemos hecho daño.
- Soportar tratamientos injustos con paciencia y espíritu perdonador.
- Pensar y hablar sobre las cosas buenas de otras personas.
- Alegrarse por el éxito de otras personas
- Contando nuestras bendiciones para todo, lo bueno y lo malo.
- Buscar oportunidades para servir a los demás.
- Estar dispuesto a permanecer anónimo ayudando a los demás.
- Mostrando gratitud por nuestros éxitos.
- Dar el debido crédito a los demás por nuestros éxitos.
- Tratar el éxito como una responsabilidad de hacer más por los demás.
- Estar dispuesto a aprender de nuestros fracasos.
- Asumiendo responsabilidad por nuestros fracasos.
- Aceptando nuestras limitaciones y circunstancias.
- Aceptar la realidad social de la discriminación y prejuicios.
- Tratar a todas las personas con respeto sin importar su estatus social.
- Disfrutar del humilde estado de ser un desconocido y un don nadie.

Permanece humilde y disfruta de las ventajas.

34 - Deja que la otra persona tenga tu idea

Hablemos de ideas. ¿Cuáles encuentras mejores, las que se te ocurren o las de las que la gente quiere convencerte? Si eres como la mayoría de las personas, preferirás la primera opción. Teniendo tus propias ideas. Bueno, sorpresa, sorpresa, igual que todos los demás. A nadie le gusta que le vendan algo o que le digan que tenga que hacer algo. Queremos sentir que la decisión fue nuestra o que la idea fue nuestra. Queremos que las personas nos pregunten por nuestras opiniones, nuestros deseos y nuestros pensamientos. Entonces, ¿por qué no usar ésto en beneficio tuyo?

La mejor manera siempre es plantear la idea en la mente de alguien y dejar que ese alguien piense y medite sobre ella. Con frecuencia, verás a la misma persona con la misma idea un par de días más tarde defendiéndola como si fuera su propia idea. (Tengo que admitir que esto me pasa de vez en cuando, Natalia me dice algo y después de dos días se lo cuento como si se me hubiese ocurrido a mi).

La forma más fácil de dejar que la otra persona sienta que fue su idea es PREGUNTAR. Cuando hagas una oferta, pregúntale al cliente qué es lo que realmente necesita, o pídele que complete tu oferta para ellos mismos. Si vas de vacaciones familiares, pregúntale a tu familia dónde quiere ir y llega a un consenso. Si vas a salir con amigos, pregúntales qué es lo que más les gusta. Si vas a una cita con tu pareja o cónyuge, pregúntale qué le gustaría hacer. Tan fácil y al mismo tiempo tan difícil, ¿verdad?

Pregunta y deja que la otra persona tenga tu idea.

35 - Llega a tiempo

En tu camino para convertirte en un maestro de las relaciones humanas, nunca subestimes las pequeñas cortesías, como llegar a tiempo a una cita o una reunión.

La puntualidad es un signo de disciplina y respeto por los demás. Sin eso, puede que te perciban como algo ofensivo, incluso si eres la persona más amable del mundo. Si todavía no te he convencido, ten en cuenta el siguiente proverbio francés: "Mientras mantenemos a un hombre esperando, él reflexiona sobre nuestros defectos". ¿Verdadero o verdadero? En Alemania dicen "La puntualidad es la cortesía de los reyes." (Por eso probablemente se lo toman tan en serio)

Por supuesto, hay diferencias culturales. Por ejemplo, mientras que en México y España la gente está muy relajada con respecto a la puntualidad, en Alemania no ser puntual se considera muy poco profesional y podría arruinar tus posibilidades en cualquier esfuerzo.

Un conocido mío perdió una oportunidad de negocio de cientos de miles de Euros porque apareció 15 minutos demasiado tarde para una reunión de negocios con una empresa alemana. Lo peor es que lo hizo por chulo. Por "les voy a enseñar quién soy yo!". Vaya. Pues mientras que en algunos círculos culturales, la impuntualidad se puede ver como "Llegaré tarde para que puedan ver lo importante que soy", otros lo verán como una falta de respeto y no lo perdonarán.

¡Sé puntual! Ni siquiera tienes que hacerlo por ser educado; lo estás haciendo por ti mismo. Incluso te recomendaría llegar diez minutos antes. Esto ya te dará una ventaja en cualquier reunión o negociación.

¿Por qué? Porque puedes usar estos diez minutos para relajarte y prepararte. Puedes componer tus pensamientos y acostumbrarte al entorno en lugar de llegar a toda prisa.

Cuando empecé a ser puntual, o mejor dicho, a llegar diez minutos antes. me di cuenta que estos diez minutos me hacían sentir muy bien. Me sentía relajado. También me sentía muy cómodo, profesional y educado. De hecho, ahora me siento incómodo cuando llego justo a tiempo. ¡Pruébalo y observa si suma a tu vida o no!

Llega a tiempo y disfruta de los beneficios de ello.

36 - Céntrate en las fortalezas del otro

¿Ya hablamos del poder del enfoque? Es una de las influencias más decisivas en tu vida diaria. ¿Alguna vez has pensado en comprar un coche nuevo y luego viste este tipo de coche en todas partes? ¿Has estado embarazada o tu pareja y de repente parecía que había embarazadas en todos lados? ¿O tenías un yeso, y de repente parecía que todo el mundo tenía un yeso? Cuando buscamos algo, lo vemos por todas partes.

Esto se llama percepción selectiva. Tu enfoque es esencial porque la ciencia muestra cómo experimentamos nuestra vida, es una cuestión de interpretación, una cuestión de elección y depende de dónde decidamos poner nuestro enfoque.

Nuestro enfoque crea nuestra realidad, por lo que vemos más de aquello en que nos enfocamos. En una frase: nuestro enfoque determina nuestra percepción general del mundo. Entonces, si nos enfocamos en las fortalezas de otras personas, ¿qué pasará? Sí. Exactamente. ¡Veremos más de sus puntos fuertes! ¿Mejorará eso nuestras relaciones personales? Puedes apostar en ello.

Esta es una cura mágica para todas nuestras relaciones. Imagínate enfocarte en las fortalezas de tu pareja en lugar de quejarte de sus debilidades. De repente ves todas las cosas que te enamoraron de ella o de él. ¿O tus empleados? De repente, podrás ver todo su potencial en lugar de sus debilidades y fallos.

Mira a otras personas de una manera nueva:
¿Cuáles son sus fortalezas únicas?
¿De qué estás más orgulloso cuando piensas en ellos?
¿Qué hacen mejor?
¿Cuáles son sus logros personales y profesionales más significativos?
¿Qué dones tienen?
¿Qué los hace únicos y atractivos?

Lleva esto un paso más allá. ¿Qué pasaría si nos concentrásemos en nuestras similitudes en lugar de en nuestras diferencias? Exactamente. Veríamos mucho más de lo que tenemos en común. ¿Sería genial para nuestro mundo? Pues claro.

Sin duda, es una base mucho mejor para llegar a acuerdos que centrarse en nuestras diferencias, ¿verdad? En todos los conflictos o negociaciones, el ingrediente más esencial es tener un objetivo común: si no, fracasan. Entonces, a partir de ahora, enfócate en las similitudes. ¿Cuál puede ser el objetivo común?

Enfócate en las fortalezas de la otra persona y velas de una manera completamente nueva.

Parte V - Si tienes que decirlo, dilo bien

37 - No critiques...

La crítica es inútil. Lo único que hace es hacer que una persona se ponga a la defensiva e intente justificarse. La crítica es peligrosa. Daña el orgullo de una persona y causa resentimiento. Está científicamente comprobado que aprendemos más, somos mejores y más productivos cuando nuestro buen comportamiento es elogiado y reconocido, que cuando somos castigados y estamos bajo presión.

Un comentario crítico justo antes de una presentación como "Pedro, esto es muy importante para nosotros no la cagues como la última vez" puede causar que esta persona falle, mientras que motivar a una persona y elogiar sus fortalezas como por ejemplo "Venga Juan. Admiro como preparas tus presentaciones. La vas a petar" pueden hacer que gane el proyecto.

La idea de que la crítica pueda mejorar algo es vieja y obsoleta. La crítica sólo trae resentimiento y puede desmoralizar a los miembros de la familia, amigos, colegas y empleados.

Lo mejor que puedes hacer es pensarte realmente bien si tu crítica es necesaria. Ya sabes con seguridad que no será bueno. Entonces, lo mejor es respirar profundamente o abandonar la habitación. Ten especial cuidado con los correos electrónicos porque una vez que los mandas no hay manera de pararlos. No como en los viejos tiempos cuando escribiste cartas y al menos tenías la oportunidad de sacarlas de la bandeja de correo antes de que causaran daños.

De vez en cuando, cuando escribo en un correo enojado, decido no enviarlo y dejarlo como borrador durante la noche. Si sigo queriendo enviarlo al día siguiente, lo envío, pero en el 99% de los casos, no lo envío. La ira está fuera de mi sistema, y sigo con trabajos más importantes.

Todos conocemos a personas que queremos mejorar, enseñar y cambiar, pero ¿sabes qué? Olvídalo.

Es imposible cambiar a otras personas a menos que ellos sean los que quieran cambiar. Lo que puedes hacer es comenzar contigo mismo. Sé el cambio que quieres ver en los demás, sé el modelo a seguir; ser el ejemplo

Sólo las mentes pequeñas, los mediocres, critican porque son cobardes o demasiado débiles para crear algo por sí mismos, o ambos.

Nada bueno saldrá de criticar a los demás. Traga tus críticas y trabaja en ti mismo.

38 - Cómo criticar constructivamente a las personas

Hablamos de ello en el último capítulo. Lo mejor es no criticar. De todos modos, de vez en cuando no tienes otra opción. Es un tema muy sensible. Primero déjame hacerte una pregunta: ¿Te gusta cuando la gente te critica? Se honesto. Bien yo voy primero:
No me gusta nada que me critiquen. Y adivina qué: la mayoría de las personas con las que te cruzas son como tú o como yo. Tampoco les gusta ser criticados.

Lo sé... podemos aprender de los críticas, bla, bla, bla. Yo prefiero aprender sin ser criticado. De todos modos, tenemos que verlo, así que si alguna vez nos sentimos tentados a criticar a alguien, al menos lo hacemos de la manera correcta. Si criticas a las personas para "ponerlas en su sitio" o para demostrar que eres mejor que ellas, es mejor que pares ahora mismo. Entonces, mi amigo/a, estás en el lugar equivocado debido a que este libro está escrito para hacer amigos y no para quedarte sin amigos - y eso es lo que criticar duramente a los de tu alrededor hará. Sólo causará resentimiento y malas vibraciones..

Hay formas de hacer una crítica constructiva. Cambiamos la palabra *crítica* por *feedback*. Se supone que el *feedback* ayuda a corregir las personas, a hacerles saber cómo otros pueden percibir lo que están haciendo. El *feedback* bien intencionado es muy importante para influir en las personas

Aquí hay algunas reglas de oro:

1. Si tienes que criticar, hazlo en absoluta privacidad. No levantes la voz. Nadie debería estar escuchando. Cumple con la simple regla general: "Elogiar en público, criticar en privado". Desafortunadamente, incluso hoy en día muchas personas lo hacen al revés. Critican en público y elogian en privado, si es que elogian, y eso arruina sus relaciones. Las profesionales y las personales.

2. Empieza con elogios.

Si tienes que criticar empieza señalando lo que la persona está haciendo muy bien, después menciona el punto crítico y si eres un chico o una chica muy astuto cierra con otro elogio. Esto también se llama el método sándwich.

3. Siempre critica el comportamiento y nunca la persona.

4. Proporciona soluciones. Averigua junto con la persona a quién le das el *feedback* sobre cuál sería la forma correcta de hacer las cosas. Cuando les estás diciendo lo que están haciendo mal, también hazles saber cómo pueden hacerlo correctamente.

5. No exijas cooperación. Pídela amablemente. Es un hecho que las personas están más dispuestas a cooperar contigo si les preguntas amablemente que sí lo exiges. Exigir ~~solo~~ debe ser el último recurso.

6. Sólo dilo una vez, si es posible. Si sucedió solo una vez, no lo repitas una y otra vez. Si sucede una y otra vez, es posible que tengas un problema …

7. Como dije antes: termina la sesión de *feedback* con una nota amistosa, señala lo que la persona está haciendo bien y finaliza con elogios.

8. Importante: cuida tu lenguaje corporal y el tono de voz. En un estudio, las personas que recibieron comentarios negativos con un lenguaje corporal positivo (una sonrisa) y un tono de voz agradable se sintieron mucho mejor después que las personas que recibieron comentarios positivos con un lenguaje corporal negativo y un tono de voz duro. ¿Puedes creerlo? Impresionante la importancia del lenguaje corporal y la tonalidad de nuestra voz ¿No?. No quiero imaginarme cómo me sentiría si alguien me daba *feedback* negativo con un lenguaje corporal negativo y un tono de voz negativo …

No critiques a menos que sea absolutamente necesario. Si es necesario, sigue las reglas mencionadas anteriormente.

39 - Gestiona quejas con tacto

¿Conoces la mejor manera de tratar con las quejas? Deja que la otra persona hable. Es una valiosa fuente de información. No te pongas a la defensiva. La gente simplemente quiere que sus quejas sean escuchadas y el problema resuelto. Valoran el cuidado y la atención que les prestan.

Entonces, lo mejor es dejarles hablar. Hazles muchas preguntas y sigue escuchando con atención y paciencia incluso cuando estés tentado a interrumpir. Anímalos a sacarlo todo. Dales espacio para desahogarse si es necesario. Repite sus puntos para asegurarte de que los has entendido bien. Ellos hablan, tú escuchas. La relación entre escuchar y hablar debería ser 80:20 o incluso 90:10. Muéstrales que puedes ver las cosas desde su perspectiva y que sólo quieres una solución que los haga felices. Si has cometido errores admítelos y discúlpate por ellos.

Acompaña la conversación con un lenguaje corporal positivo como el contacto visual, asintiendo con la cabeza, demostrando que estás interesado. Incluso puedes tomar notas mientras escuchas. Por encima de todo, sigue escuchando: no desconectes aunque te digan cosas que no te gusten. Cuando sea tu turno de hablar, habla claramente y en un lenguaje simple.

Las quejas pueden ser un gran recurso para futuras mejoras. ¿Dónde ocurrieron los errores? ¿Qué salió mal? ¿Qué harían ellos? ¿Cómo les gustaría resolver la queja? ¿Qué quiere? No saltes a conclusiones. Busca soluciones, no obstáculos. Utiliza los comentarios de la otra persona para acciones futuras. Eso es todo. Fácil, ¿no?

Si alguien se queja, escucha.

40 - Una gran manera de dar *feedback*

A la gente no le gusta qué se la critique. Punto. Pero, por supuesto, no podemos ir de puntillas con los demás todo el tiempo, así que cuando llega el momento de un *feedback* honesto - algunos también lo llaman "crítica constructiva" - hazlo así. Se llama el "método sándwich" o "el feedback sándwich".

Empieza con algo agradable, un cumplido, atributos positivos, lo que te gusta de la persona. Luego les dices el comportamiento, las acciones que pueden mejorar y vuelves a cerrar con una nota positiva señalando otra cosa que te gusta mucho de su desempeño o su comportamiento. Se diplomático cuando llegues al punto crítico, tal vez algunos errores que la persona comete. No los llames errores. Se diplomático y di "si hay algo que puedas mejorar, podría ser _____", o "hay algunas cosas que podrías hacer incluso mejor".

Si aprendes a iniciar tus conversaciones, señalando lo positivo en la otra persona y, además, cerrando con una nota positiva, tus relaciones en casa y en el trabajo mejorarán mucho. Nadie quiere estar cerca de la esposa o del esposo que se queja siempre o hará el mejor trabajo para el siempre crítico jefe. Prueba el *"feedback sandwich"* y verás cambios milagrosos. Llegarás mucho más lejos que el "método de martillo" jamas te llevará.

Por último una cosa muy importante: no utilices la palabra "PERO". La palabra "pero" cancela todo lo que está delante de ella. Si dices "Estoy muy contento con la forma en que tratas a nuestros clientes, PERO ...", es probable que al receptor del *feedback* no le importa ninguno de los elogios que iban antes del "PERO", y sólo se quede con las crítica que viene después del "PERO". El *feedback* perderá su efectividad y quizás incluso credibilidad. Puedes evitar esto fácilmente utilizando "y" en lugar de "pero".

Comienza el feedback con elogios y aprecio sincero.

41 - Deja que la otra persona salve la cara

Esto es de inmensa importancia cuando se habla de relaciones humanas, sin embargo, muy pocos de nosotros pensamos en ello. Somos muy buenos en ignorar los sentimientos de otras personas, criticar a los demás frente a sus compañeros, salirnos con la nuestra, incluso amenazar sin pensar en el daño que estamos haciendo, dañando el orgullo y la identidad de la otra persona. Detenernos por unos segundos, ponernos en los zapatos de la otra persona, ser un poco más considerado evitaría todo el daño causado

En unos pocos momentos, podemos destruir relaciones sí somos desconsiderados y no permitimos que la otra persona salve la cara. ¿Cuántas personas buenas abandonan sus empresas porque no se llevan bien con su jefe o sus colegas? Estoy seguro de que conoces el dicho "La gente no cambia de trabajo, cambia de jefe".

Cuando alguien comete un error, déjalos que salven la cara. No destruyas la relación ni a la persona. En su lugar, se alentador, diles que es humano cometer errores y demuéstrales que confías en ellos. Esto puede hacer milagros y, en lugar de perder a la persona y ver cómo disminuye su rendimiento, es posible que hayas aumentado el rendimiento de esta persona porque él o ella quieren cumplir con las grandes esperanzas que tienes en ellos.

Deja que la otra persona salve la cara.

42 - Haz que la gente se sienta feliz por lo que les estás diciendo que hagan

No nos gusta que nos digan lo que tenemos que hacer. Punto. Incluso si lo hacen personas cercanas a nosotros. El truco es hacer feliz a la gente sobre lo que les estás diciendo que hagan o no hagan. Si eliges otra persona para hacer un trabajo, infórmale a la persona que lo ha hecho hasta ahora y que no estará contenta con este hecho de que ella es demasiado importante para seguir haciendo este trabajo, o que tienes un mejor proyecto de futuro para ella. Lo mismo ocurre si les ofreces una tarea que quizás no encuentren valiosa.

Hazles sentir honestamente que son esenciales y qué estás encantado de que estén aceptando esta tarea. Déjalos sentir que te están haciendo un favor. Prueba esta técnica también con tus hijos o cónyuge.

Una forma brillante de rechazar ofertas o invitaciones es ésta:
1. Expresa gratitud por la invitación.
2. Muestra tu sincero pesar de que no puedes aceptar el trabajo o el evento
3. Sugiere a un sustituto que pueda hacer el trabajo por ti.

Esto ni siquiera le da tiempo a la otra parte para no estar contenta con tu negativa, sino cambia su perspectiva a otra persona que podría aceptar el trabajo.

Otra "técnica" frecuentemente utilizada es inventarse y dar títulos a la gente. El gran emperador Napoleón mismo aplicó esta técnica para crear una "Legión de Honor", nombrando a sus generales "Mariscales de Francia" y sus tropas "El gran Ejército". En las empresas, a menudo vemos esta técnica cuando gerentes pierden poder pero son "elogiados" a posiciones con un título que suena mejor (y un salario más bajo).

Como mencioné muchas veces en este libro, debes ser sincero. Se empático.

No hagas promesas falsas y concéntrate en los beneficios para la otra persona. Necesitas saber qué quieres que haga la otra persona. No des órdenes. Convence a la persona de qué y cómo se beneficiarán al realizar la tarea. Esto no hace falta decirlo, pero aún lo mencionaré: en lugar de decir "Pedro, haz ésto, ésto y ésto", di: "Pedro, si pudieras hacer ésto y ésto realmente nos harías quedar muy bien en la reunión / con el cliente" etc. Marcará toda una diferencia.

Por supuesto, sería ingenuo pensar que siempre obtendrás una reacción favorable a este enfoque. Eso simplemente no sucederá, pero es mucho más probable que cambies la actitud de alguien de esta manera que mediante órdenes amenazantes y duras u otros tipos de presión. Empieza a probarlo y hazme saber cómo funciona para ti.

No le digas a la gente qué hacer. Hazlos felices por lo que les estás diciendo que hagan.

43 - Mira tu lenguaje corporal

Tu cuerpo no miente. Puedes tratar de controlar tus gestos, puedes decir una cosa y pensar otra, pero antes o después tu cuerpo te delatará. Si dices que algo es genial y no lo dices en serio, los observadores podrían ver un ligero movimiento de tu cabeza a los lados mientras deberías asentir. Se han escrito libros enteros sobre el poder del lenguaje corporal. Puedes usar tu lenguaje corporal para sentirte más seguro o pasar de la tristeza a la felicidad. Si bien el hecho de que tu lenguaje corporal y tu tono de voz son mucho más importantes que las palabras que estás transmitiendo (palabras 7%, Tono 13% lenguaje corporal 80%) ha resultado ser un mito, algo hay. Por ejemplo, como mencionamos antes, las personas que fueron criticadas por un jefe de aspecto feliz se sintieron mejor después que las personas a las que elogió un jefe de aspecto enojado.

En este capítulo, veremos un truco fácil para generar confianza en poco tiempo: Reflejar. Reflejar el lenguaje corporal de la otra persona. Reflejar significa que ajustas algunos aspectos de tu propio lenguaje corporal al lenguaje corporal de tu compañero. Por ejemplo, si él se inclina hacia adelante, tú te inclinas hacia adelante, si inclina la cabeza hacia la derecha, inclinas la cabeza hacia la derecha. Te mueves como la otra persona se mueve y reflejas su lenguaje corporal.

Sip. Esto funciona sorprendentemente porque te comunicas directamente con la mente subconsciente de la otra persona. Le estás diciendo a la persona "Mira, yo soy como tú y estoy de acuerdo con tus puntos de vista. Puedes confiar en mi". Cuando reflejas a las personas, las haces sentir cómodas. Sólo un par de advertencias: no lo exageres, no empieces a imitar a las personas de inmediato y no lo utilices para manipular a las personas.

Notarás que con las personas que se llevan bien, como tu mejor amigo o tus padres, esto funciona automáticamente. En la Programación Neurolingüística y el *Coaching*, esto se llama "hacer Rapport".

Aquí hay algunas formas de construir "rapport". Puedes reflejar las siguientes cosas:

- El cuerpo entero
- Parte del cuerpo
- El cuerpo superior o inferior
- Ángulos de cabeza, hombros
- Los cambios de voz como tono, volumen, velocidad, la forma de enfatizar.
- El lenguaje que usa la otra persona
- Expresiones faciales
- Gestos
- Frases repetitivas
- Ritmo respiratorio

También puedes hacer exactamente lo contrario de lo que la persona hace para liderar. Como hablar más despacio cuando están emocionados. Descruza tus brazos cuando sus brazos estén cruzados. Esta es también una forma de confirmar si hay rapport Si la otra persona después de un tiempo sigue los movimientos de tu cuerpo, has conectado.

Prueba esto y practícalo y verás grandes cosas sucediendo en tus relaciones con otras personas.

44 - Reconoce el valor de cada individuo

Si no reconoces el valor individual de los demás, tendrás muchos problemas. Es el principio del fin de todas las relaciones humanas. De ahí sale el divorcio, las peleas o dejar un trabajo. Mencionábamos que la gente no deja puestos de trabajo, deja malos jefes.

Los errores más comunes que dañan las relaciones son los siguientes:

- No dar crédito a las sugerencias
- No corregir injusticias
- Falta de elogio y aliento
- Criticar a las personas frente a los demás.
- No preguntar a los empleados sus opiniones.
- No informar a los empleados sobre su progreso.
- Favoritismos

Haz que las personas se sientan dignas pensando que son importantes. Sí, es así de fácil. Si estás convencido de que otras personas son importantes, tu comportamiento lo demostrará - también demostrará lo contrario…

Recuerda. La gente quiere sentirse importante. Si piensan que son importantes, se sentirán dignos. Puedes influir en eso. Puedes hacer que las personas se sientan dignas pensando y mostrándoles que son importantes. Cuando consideras que alguien es importante, reflejarás ese pensamiento en tu lenguaje vocal, tu lenguaje corporal y todo lo que haces. Fíjate en las personas. Todo el mundo quiere ser notado. Cuando notas a alguien, les estás haciendo un gran cumplido. Estás elevando su moral mostrándoles "Te reconozco". ¿Y qué sucede entonces? Las personas se vuelven más amigables, más útiles y mejores trabajadores.

No compitas con la gente. No hay necesidad de eso. Si alguien te cuenta algunas de las grandes cosas que ha hecho, no le digas algo aún más importante que tú hayas hecho. Sólo muestra tu interés genuino y hazles saber que te están impresionando.

Si les dices que te inspiran, habrás ganado un aliado de por vida. Probablemente pensarán que eres una de las personas más inteligentes y amables que hayan conocido.

En cambio si comienzas a competir con ellos, solo pensarán que eres un idiota que no tiene idea de lo que está hablando. Competir es una pérdida innecesaria de tiempo que no tiene ningún beneficio - excepto inflarte el ego.

Reconoce el valor de cada individuo y ganarás aliados para toda la vida.

45 - Habla de tus propios errores primero...

Si realmente, realmente tienes que criticar a alguien - recuerda que dijimos que no critiques en absoluto si puedes evitarlo de alguna manera si no es así - una técnica adecuada es hablar primero de tus propios errores.

Antes de que empieces a señalar a alguien por sus errores, ponte en su lugar. ¿No cometiste los mismos errores, o incluso peor, cuando tenías su edad, cuando eras nuevo en tu trabajo o cuándo hiciste algo la primera vez?

Tal vez la persona a la que criticas está en realidad mucho mejor en su trabajo que tú a la misma edad o al mismo tiempo. Es mucho más fácil escuchar a una persona que te critica si esta persona primero admite también comete errores y que están lejos de ser perfectos.

Otra técnica útil es ser humilde y alabar a la otra persona antes de mencionar sus faltas. ¿Quién puede enojarse contigo por criticarlos si primero los elogias? Incluso podrías convertir a esta persona en un fiel *fan* y amigo. La humildad y la alabanza hacen maravillas hasta   hoy en día.

Admite tus errores, incluso si todavía no los has corregido, esto te convierte en una persona auténtica y honesta de la que la gente quiere estar cerca, porque eres de una raza rara. En el mejor de los casos, incluso puedes convencer a alguien para que cambie su comportamiento y no cometa los mismos errores que tu cometiste.

Primero habla sobre tus errores y elogia mucho, y la gente querrá escuchar tu opinión y tus consejos.

Parte VI - Multiplica tu influencia con estos hábitos

46 - Sé amable

Si quieres hacer amigos, gustar e influir en las personas, hay una receta muy simple para eso: se amable. Sip. Es así de fácil. Olvídate de las viejas creencias como "Los buenos siempre terminan en último lugar". Olvida tu miedo de que las personas te engañen y te atropellen si eres amable. Sí. Puede pasar. Me ha pasado muchas veces. No importa. Al final, ganas. Prefiero correr el riesgo de que otras personas se aprovechen de mí de vez en cuando, en lugar de perder a todas las grandes personas que conocí, PORQUE elegí ser un buen tipo. Sabes, en el mundo real los chicos buenos (y las chicas) terminan primero.

Eso no significa que tengas que dejar que otras personas te tomen el pelo. Si te das cuenta de que la gente están abusando de tu buena voluntad, llámales la atención y échales de tu vida. Ellos se lo pierden.

Mi amigo Manolo es la mejor persona que puedas imaginar. Siempre ayudando, siempre sonriendo, no me extraña que a la gente le guste estar cerca de él. Tiene una red inmensamente poderosa que usa para ayudar a todos, pero cuando se da cuenta de que las personas se aprovechan de él, les dice muy claramente que ahora ya pueden abandonar su círculo interno y que si hacen algo más malo, usará la misma red para destruirlos.

 En sus palabras: "Marc, soy el tipo más agradable para la gente que es agradable, pero, aunque lo odio, si alguien es malo conmigo, yo puedo ser mucho peor. Si alguien es grosero conmigo, yo soy mucho más grosero. Si alguien no me respeta, soy aún más irrespetuoso." Nunca he visto este lado de él. Y nunca lo haré. Porque soy amable.

Ser amable te pagará dividendos a largo plazo. Recuerda que "lo que siembras, lo recogerás". Haz todo lo que puedas para capacitar a las personas. Ver la grandeza en ellos. Si puedes ver su grandeza, en realidad estás contribuyendo a esa grandeza. Tu creencia en el potencial de una persona despierta este potencial.

Cada vez que te encuentres con alguien, trata de ver la grandeza de esta persona. Todo el mundo tiene algo único en lo que son geniales. Pregúntate a ti mismo "¿Qué los hace especiales? ¿Cuál es su don?"
A medida que te enfocas en ello, lo descubrirás. También te hace más tolerante con las personas no tan amigables. Puedes decir "Estoy seguro de que tiene grandes cualidades, y hoy solo tiene un mal día…"

Sé amable, pero no dejes que otras personas te engañen. Incluso las personas agradables dicen "NO" o "ya basta" de vez en cuando.

47 - Sé positivo

¿Con quién te gusta estar más? ¿Con un optimista que siempre tiene una solución para cada problema o con un pesimista, que tiene un problema para cada solución? Estás leyendo este libro, así que supongo que te gusta estar más cerca de los optimistas, ¿verdad? Bien. Adivina qué… Al igual que cualquier otra persona, o al menos que la mayoría de la gente. ¿Quieres ser un imán de personas? Sé positivo. Irradia vibraciones positivas donde quiera que vayas, sonríe mucho. Ve soluciones. La gente amará estar cerca de ti.

Lo mejor es que el optimismo se puede aprender. No es una cuestión de genes. La única diferencia entre un optimista y un pesimista es cómo interpretan eventos. Los pesimistas interpretan eventos como permanentes y personales: "¿Qué me pasa?", "Nunca aprenderé". Los optimistas ven los eventos como temporales. "No estaba en buena forma hoy; Estoy seguro de que lo haré mejor mañana." "Sin embargo, estoy un paso más cerca de la meta." Algunos ven el fracaso como una catástrofe y se dan por vencidos; otros lo ven como una oportunidad para el crecimiento y el éxito.

No obstante, hay aún más beneficios de ser un optimista. Los optimistas son generalmente más exitosos; su sistema inmunológico biológico y psicológico es más fuerte... incluso viven más tiempo. (Por favor, no tomes esto como una excusa para llevar un estilo de vida poco saludable. Si fumas 40 cigarrillos al día, ser optimista podría no ayudarte mucho).

Sé optimista. Levanta el espíritu de la gente cuando vengan a ti. No de una manera falsa. Ya hemos aprendido que lo falso no va muy lejos. Lo mismo pasa con el optimismo. El falso optimismo, tarde o temprano, lleva a la desilusión, la ira y la desesperación. Se un "optimista realista" que sabe que el pensamiento positivo solo no es suficiente. También debe agregar optimismo, pasión y trabajo duro a la fórmula del éxito.

Sé optimista. Sé positivo en cada interacción. Es gratis, y la gente buscará tu compañía.

48 - ¡Elogia y elogia mucho!

Elogios y reconocimiento pueden tener resultados maravillosos. Recientemente, se han publicado algunos estudios fantásticos sobre el poder del elogio. Siempre lo supimos, pero ahora tenemos los números: las personas que son elogiadas cuatro veces por trimestre tienden a permanecer más tiempo en sus trabajos y a rendir mucho mejor. Esto puede ahorrarle a una empresa cientos de miles de Euros. Muchas veces, cuando preguntamos a las personas sobre su mejor día en el trabajo, nos contarán sobre un día en que su jefe los elogió.

Pero eso va aún más lejos. Un elogio puede cambiar la vida de una persona. Dale Carnegie escribe en su clásico "Cómo hacer amigos e influir en las personas" sobre cómo los elogios modificaron el futuro de HG Wells de ser suicida para convertirse en uno de los grandes novelistas estadounidenses y uno de los padres de la ciencia ficción, o de cómo Lawrence Tibbet pasó de cantar en un coro de la iglesia y ser pobre a convertirse en un famoso cantante de ópera y estrella de música. Las dos historias de estos grandes artistas fueron cambiadas por un poco de elogio, por un poco de empoderamiento.

Usa el poder del elogio. Elogia las mejoras más pequeñas. Inspira a todas las personas con las que entres en contacto de usar los talentos ocultos que poseen. Inspirarás a la otra persona para que siga mejorando. Cuando miro hacia atrás en mi vida, encuentro momentos en que algunas palabras de elogio han cambiado todo mi futuro. Estoy seguro de que te pasó lo mismo. Muchas veces es el elogio de nuestros padres lo que nos hace seguir adelante cuando otros ya nos descartaron. Se dice que a Enrico Caruso, el cantante de ópera más famoso de su época, se le dijo que no podía cantar, mientras que su madre lo alentaba y elogiaba su voz.

Si comienzas a elogiar a las personas por lo que hacen bien, en lugar de recordarles constantemente sus faltas, verás que suceden verdaderos milagros.

Ellos aprovecharán ese elogio, y cada vez más de sus errores desaparecerán. Es el mismo efecto que logras cuando te concentras en tus fortalezas. Elogia a una persona, y despertarás su deseo de sobresalir. Harán todo lo que puedan para estar a la altura de la alta opinión que tienes de ellos. Ve el potencial de las personas, felicítalos por ello y los ayudarás a despertar y hacer crecer ese potencial.

Cuando elogies, entra en detalles. "Buen trabajo" no es suficiente. Dile a la persona exactamente qué está haciendo bien y por qué es tan importante para ti o tu empresa. Recuerda, todos queremos aprecio y elogios, pero tiene que ser sincero y genuino. Los principios mencionado en este libro sólo funcionan cuando son honestos y vienen directamente de tu corazón.

Transforma las vidas de las personas elogiándolos.

49 - Cómo causar una buena impresión (2da parte)

Recuerda que tienes aproximadamente tres segundos para causar una buena primera impresión. Tus primeras palabras y acciones establecerán el tono para todo el encuentro. Entonces, comienza tus conversaciones con una nota positiva. Un truco que cambia la vida es preguntarse antes de cualquier reunión o llamada telefónica: "¿Qué quiero obtener de esto?"

¿Estás preocupado por lo que otros pensarán de ti? Bienvenido al club. La mayoría de las personas lo están. Aunque tengo buenas noticias para ti. La forma en que te perciben está en tu poder. Otras personas forman su opinión de ti principalmente a partir de la opinión que tienes TU sobre ti. Si no eres percibido como te gustaría, mira dentro de ti. ¿Qué puedes hacer? ¿Cómo te percibes a ti mismo? ¿Cómo te gustaría ser percibido? Comienza a actuar como te gustaría que te percibieran.

Se auténtico. Ya hablamos de eso antes. Si estás intentando ser otra persona, inconscientemente te dices a ti mismo "No soy lo suficientemente bueno" y se lo estás transmitiendo a tu entorno. Valóralo todo. A ti mismo, a tu trabajo, a tu familia, a los demás. Cuánto más valor te das a ti mismo y a los demás, mejor pensarán los demás de ti; recuerda que todo esto debe ser sincero, si no es así, será contraproducente.

No humilles a la competencia ni a otras personas para verte tú mejor. Esos tiempos ya han pasado. Eso daña tu reputación. Aumenta tus fortalezas y productividad. **Sé tan bueno que los demás no puedan ignorarte.**

Mantén la conversación en tono optimista. Nadie quiere estar con un quejica. Ten la seguridad de que le gustarás a la gente, al menos el 50% de todas las personas que conozcas. Si no les gustas, bueno, sé amable y profesional y piensa "deben ser del otro 50%"

No te esfuerces demasiado en causar una buena impresión, pero diles a todos a tu alrededor que te están causando una buena impresión.

50 - Ayuda a otros a quererse más a sí mismos. Aumenta su autoestima

Cada ser humano es especial. El impulso de cada individuo es defender lo que se encuentra en su núcleo interno (llámalo dignidad, personalidad, singularidad o incluso ego) contra todos los enemigos.

Recuerda:
Estamos más interesados en nosotros mismos que en cualquier otra cosa. Todas las personas que conocerás, no importa lo que te digan, quieren sentirse importantes y convertirse en alguien de importancia. Todos, de una u otra forma, buscan la aprobación de sus compañeros.

Sólo los que han aprendido a quererse a sí mismos pueden ser generosos y amigables con los demás. Sólo si estás en buenos términos contigo mismo puedes estar en buenos términos con los demás. Una vez que empieces a quererte más, sólo entonces podrás comenzar a querer más a los demás. Sólo si te sientes cada vez más satisfecho contigo mismo, puedes volverte menos crítico y más tolerante con los demás.

La autoaceptación y la autoaprobación son las raíces de las buenas relaciones humanas. Las personas con un alto nivel de autoestima son fáciles de tratar. Son equilibradas, felices, tolerantes y están dispuestas a aceptar las ideas de otras personas. Porque se cuidaron a sí mismas, pueden tener en cuenta las necesidades de otras personas. Son personas fuertes que no tienen ningún problema en admitir errores.

Las personas con baja autoestima, por otro lado, son inseguras, arrogantes y desconfiadas. Todo el mundo parece ser una amenaza para ellos. Detrás de la persona ruidosa, el presumido, el acosador, la persona que entra en la habitación como un pavo real, muchas veces hay una persona insegura y con baja autoestima.

Si conoces a este tipo de personas sé amable. Sí, has leído bien. Se amable. Las personas más groseras a veces necesitan más nuestra comprensión. El comportamiento arrogante es muchas veces un grito de ayuda: "Hola. Quiero sentirme importante. Por favor, nótenme." Muchas veces estas personas necesitan humillar o tratar mal a otros para que puedan aumentar su sensación de importancia. Por otro lado, temen que puedas ver a través de ellos, por lo que atacan primero. Se amable. Dales cumplidos reales y elogios genuinos, y la mayoría de las veces podrás ver una transformación maravillosa. Busca sus puntos fuertes, sus buenos puntos. Cosas que puedes elogiar sinceramente. Puedes llevarte mucho mejor con cualquiera si alimentas su ego.

Convierte ver lo bueno en las personas y darles sinceros elogios en un hábito y observa cómo mejoran tus relaciones con los demás. Ayúdales a quererse más a sí mismos.

51 - Haz que parezca fácil

¿Cuántas veces no hiciste algo porque parecía demasiado difícil o porque alguien te dijo que no eras lo suficientemente bueno? Nos encontramos con nuestras limitaciones diariamente. "No soy lo suficientemente bueno para ésto, no soy lo suficientemente bueno para lo otro, no tengo talento para ésto, soy demasiado torpe para lo otro".

Cuando esto sucede, o bien no lo intentamos en absoluto, o nos rendimos después de poco tiempo. Creemos que Michael Jordan nació como un genio en la cancha de básquetbol y nadie nos dice que trabajó innumerables horas en las canchas, creemos que Michael Phelps nació para ganar 23 medallas de oro en los Juegos Olímpicos y nadie nos dice que entrenó hasta 12 horas los fines de semana porque se dio cuenta de que así entrenaría 624 horas más por año que sus competidores. Olvidamos que la práctica y la repetición logran el dominio y que el trabajo y la consistencia siempre ganan al talento.

Cuando queremos aprender algo nuevo, debemos recordar estos hechos. Necesitamos maestros y líderes que tengan paciencia y hagan que las cosas parezcan fáciles.

Si les dices a tus hijos, a tu cónyuge o a tus empleados que son demasiado estúpidos para hacer cierta cosa, no lo suficientemente talentosos, que lo están haciendo todo mal, entonces matas todas sus aspiraciones al principio, si es que son lo suficientemente desafortunados como para creerte. Por otro lado, si les animas, si haces que parezca fácil, si les dices que nadie nace como maestro en su oficio y que con paciencia y coherencia pueden perfeccionar sus habilidades - el resultado será muy diferente.

Dale confianza a la gente que te rodea e inspíralos con tu creencia y fe en ellos y observa los milagros que suceden. Es el efecto Pygmalion de nuevo.

Haz que parezca fácil y observa cómo la gente prospera.

52 - Habla de manera positiva

La ciencia ha descubierto que la forma en que hablamos de nosotros mismos o de los eventos tiene un profundo impacto en nuestra mentalidad e incluso en nuestra realidad. Las personas que tienden a hablar de manera pesimista en la mañana tienden a experimentar que su día es mucho peor, mientras que las personas que hablan positivamente al comienzo del día tienden a experimentar su día como mucho más positivo, al encontrarse con muchas más oportunidades. No tienes que ser un científico de la NASA para comprenderlo. Todos lo hemos experimentado.

Seamos sinceros. Es mucho más divertido estar cerca de personas que tienen una visión positiva que de personas que son pesimistas y quejándose continuamente de sus problemas personales. Por supuesto, tenemos que escuchar a los problemas de nuestros amigos y colegas. Estoy hablando de aquellas personas que nos usan continuamente como su cubo de basura humano. Desafortunadamente, las emociones y las palabras también son contagiosas, y si pasamos demasiado tiempo con esta gente, podrían arrastrarnos a su mundo oscuro.

Si tienes problemas, habla con un terapeuta, cura o amigo de confianza. No los hagas públicos. Describir tus sufrimientos en público no te convierte en una persona atractiva, por el contrario; te hace bastante aburrido y poco atractivo. Si necesitas atención consíguela de otra manera. Piensa en tus amigos que se quejan públicamente en las redes sociales. Si aún tienes la tentación de expresar tus problemas públicamente de todos modos ten en mente las palabras de Lou Holtz: "Nunca le cuentes tus problemas a nadie... al 20% no les importa, y el otro 80% está contento que los tengas."

Y mientras estamos en ello, también elimina las burlas y el sarcasmo de tus conversaciones. Por encima de todo, en público. Estas no son formas lindas de mostrar afecto o lo inteligente que eres.

Mientras esperas que los demás reconozcan tu inteligencia y vean tu buen sentido del humor, es posible que a las personas que no te conocen, les parezcas totalmente ofensivo y pierdas todas las posibilidades de ganarte su simpatía.

Y hay otra razón: alterar la autoestima de otras personas, y eso es lo que estás haciendo siendo sarcástico o burlón, puede causar mucho daño a la persona, incluso cuando se hace en forma divertida. Quizás puedes salirse con la tuya, pero existe un gran riesgo de que pierdas personas y simplemente parezcas un grosero.

Así que páralo YA. Elimina las quejas, el sarcasmo y las burlas de tus conversaciones y habla de manera positiva.

53 - Sé amigable

La mejor manera para obtener algo de la gente es ser amigable. Esto es tan básico que no debería tener que escribir sobre ello, pero puedo ver todos los días que la gente parece haberlo "olvidado". Parece que muchos de nosotros vivimos como si estuviéramos solos en el mundo. Si estás enojado o grosero y simplemente "descargas" tu resentimiento, esto podría ser bueno para ti, pero ¿para la otra persona? ¿Será más fácil para ellos estar de acuerdo contigo o ayudarte? No lo creo

Si necesitas algo de alguien, la mejor manera de conseguirlo es ser amigable, aunque a veces sea difícil. La amabilidad usualmente causa amabilidad a cambio. Mostrar tu ira en la mayoría de los casos no te dará lo que quiere.

Ser amable y amigable hará que las personas cambien de opinión o te ayuden más a menudo que enojarte y comenzar a gritar. Inténtalo. Funciona

El Dr. Joseph Murphy en uno de sus libros recomienda: "Conviértete en más amigable, cuanto más grosero se pongan ellos y los ganarás". Cuando tienes muchos clientes al día, tienes muchas oportunidades de practicar y, si te digo, ... ¡Funciona! Como camarero, podía medirlo directamente con la cantidad de mi propina. Cuando las personas realmente groseras entraban al restaurante lo veía como un reto "ganarlas", y en el 99% de los casos, lo hice. Esto fue genial, y a menudo venía acompañado de una muy buena propina.

Es tan fácil. Sé amable y cosecha las recompensas.

54 - Escribe una nota de agradecimiento

Un verdadero truco mágico para mejorar tus relaciones es escribir notas de agradecimiento. Sorprendentemente, ésto no sólo es beneficioso para el receptor, sino también tal como lo descubrió la ciencia para el remitente.

Si deseas ir un paso más allá, escribe no sólo notas sino cartas enteras de agradecimiento. Si bien las notas de agradecimiento son un signo de cortesía, amabilidad y valoración del receptor y aumentan su propio bienestar, las cartas de agradecimiento tienen un impacto aún mayor.

Los estudios demuestran que las cartas de agradecimiento pueden aumentar la felicidad y disminuir la depresión para la persona que la escribe hasta tres meses después de escribir la carta. Se dice que los beneficios son más grandes si entregas el mensaje en persona. Intenta ésto incluso si es sólo un simple correo electrónico a alguien.

Lo ideal es escribir el correo electrónico a una persona que haya hecho una gran diferencia positiva en tu vida y que nunca le hayas agradecido por la influencia positiva que tuvieron en tu vida. Tómate tu tiempo para escribir la nota. Y mientras estás en eso … ¿por qué no escribirle a una persona por semana?

La gratitud es uno de los mejores ingredientes para la felicidad y las buenas relaciones, y el antídoto para todas estas emociones negativas que dañan nuestras relaciones como la codicia, la envidia, los celos, la ira, la arrogancia, etc. ¿Te has dado cuenta que no puedes estar agradecido e infeliz al mismo tiempo? Tampoco puedes estar preocupado y agradecido al mismo tiempo. Y no puedes estar enojado y agradecido al mismo tiempo. ¡Elige la gratitud!

Haz que mostrar gratitud a alguien todos los días sea un hábito. A un colega, al cajero del supermercado, a tus padres, al cartero, a tus hijos o al entrenador de baloncesto. Se creativo.

Es importante sentir la gratitud y pensar realmente en las cosas por las que agradeces a la persona. Si es trivial o no es sincero, no funciona.

Recuerda que todos estamos hambrientos de aprecio genuino. Muéstrales a otras personas que son importantes en tu vida y en el mundo.

Muéstrales a las personas que están haciendo del mundo un lugar mejor y escríbeles una nota de agradecimiento o un correo electrónico de agradecimiento.

Parte VII - Por último, si bien no menos importante

55 - Cuidado con las personas con falsa autoestima

Si deseas ser atractivo para las personas y ser *influencer*, debes desarrollar una autoestima real y estable, que no debe confundirse con la actitud y el comportamiento de las personas narcisistas, arrogantes y egoístas. Manténte alejado de estas personas. Son peligrosas. Están mostrando una pseudo-autoestima o una falsa autoestima y demuestran claramente una falta de autoestima real. La falsa autoestima es solo la pretensión de la autoestima sin la realidad de ello. Se esconde detrás de la ilusión de tener las características de la verdadera autoestima, nada más.

Alguien que entra en una habitación presumiendo, fardando, pareciendo un pavo real, probablemente no tiene una alta autoestima. De hecho, este comportamiento es exactamente lo contrario de una autoestima saludable. Si podemos elegir, realmente no queremos estar cerca de este tipo de personas. Para empeorar las cosas, las personas con falsa autoestima siempre te juzgarán y te valorarán a ti mismo y a ellos mismos por lo que has logrado y por tus resultados, no por lo que realmente eres.

Quédate con personas con mayores niveles de autoestima. En su mayoría, son humildes y no necesitan presumir continuamente.
Trabaja en convertirte en un ejemplo. Trabaja en tu autoestima y muestra una autoestima real basada en la realidad: en el desempeño real, en el éxito real y en las prácticas reales. El producto del esfuerzo y el trabajo duro.

Cuando demuestras una autoestima real, atraerás a las personas y, tal vez, tu ejemplo le mostrará a las personas con una autoestima falsa que no hay necesidad de protegerse.

Que también pueden construir una verdadera autoestima, que estar equivocado y ser vulnerable no es ningún problema, sino un signo de fortaleza y que pueden dejar de lado la arrogancia, el egoísmo y su falso sentido de seguridad.

Conviértete en una persona de alta autoestima y manténte alejado de las personas de baja autoestima, excepto si puedes ser un ejemplo para ellos.

56 - Ponte en los zapatos de otras personas

La empatía es una de las claves del éxito en nuestras relaciones con otras personas. Es fácil juzgar y condenar a la gente, cualquier tonto puede hacer eso. Es mucho más difícil tratar de entenderlos. Si tienes la paciencia y te esfuerzas por entenderlos, para descubrir qué los motiva, puedes lograr cualquier cosa y seguramente a la gente le encantará estar cerca de ti.

Ponte en los zapatos de la otra persona. ¿Por qué hacen lo que hacen? ¿Cuál es la razón subyacente? ¿Cómo reaccionarías y sentirías en la misma situación? Esta es la clave de todas las relaciones humanas. Tu éxito en el trato con otras personas depende de en qué medida puedes comprenderlos, ponerte en su lugar, ver las cosas desde su punto de vista.

Cuando empieces a considerar que los sentimientos, ideas y puntos de vista de otras personas son tan importantes como los tuyos, las reacciones serán muy positivas. Diles a las personas lo que TU deseas escuchar y aliéntelos a compartir sus sentimientos e ideas.

Comunicar con empatía y ver las cosas desde el punto de vista de la otra persona evitará discusiones y tensiones antes de que comiencen. Antes de pedirle a alguien que compre tu producto o antes de dar órdenes, solo para un minuto y pregúntate "¿Por qué mi cliente / empleado / cónyuge quiere hacer esto?"

Practica ponerte en los zapatos de la otra persona. Tendrás muchos menos argumentos y desacuerdos y resultados mucho mejores.

Siempre piensa con respecto al punto de vista de la otra persona.

57 - Sé simpático con la otra persona

"No te culpo. Si yo fuera tú, seguramente me sentiría igual que tú."
Agrega esta frase a tu vocabulario. Parará los argumentos; eliminará los
malos sentimientos, creará buena voluntad y seguramente hará que la
otra persona te escuche muy atentamente.

Lo dijimos antes. No juzgues a la gente. Todos los que conoces están
luchando en su propia batalla, y no sabemos nada al respecto. Si las
personas son groseras, están irritadas, enojadas, no las juzgues por ser
como son y, en cambio, siente un poco de pena por ellas. Lo único que
probablemente quieren es sentir que a alguien le importa su batalla, algo
de simpatía. Se ese alguien

Cuando alguien te ataque, discúlpate y empatiza con su punto de vista.
Esto les hará disculparse y simpatizar con tu punto de vista. Si dominas
el arte de responder a un insulto con amabilidad y simpatía, el mundo es
tuyo. Es casi mágico. La simpatía y la bondad neutralizan la rudeza, la
ira, el desprecio y todos los demás sentimientos difíciles.

Si quieres algo, no llegarás a ningún lado con amenazas y levantando la
voz. Utiliza simpatía en su lugar. Pide amablemente, y las puertas se
abrirán, y las cosas se harán.

**Todos anhelamos simpatía. Si quieres ganarte a la gente,
comienza a practicar.**

58 - No hagas suposiciones

Una de las fuentes de problemas más importantes en todas las relaciones humanas son los malentendidos, y una gran razón para los malentendidos es que constantemente hacemos suposiciones. Suponemos lo que otras personas piensan o creen, y lo peor es que asumimos que nuestras suposiciones son la verdad y reaccionamos ante ellas, y desde allí todo es un drama. El problema es que la mayoría de las veces, lo que suponemos ni siquiera es cierto. Son imaginaciones creadas en tu mente. Las suposiciones destruyen las amistades, los matrimonios, las relaciones en el trabajo, y todo esto porque olvidamos una cosa: PREGUNTAR.

Siempre es mejor preguntar que hacer suposiciones, pero, por supuesto, para preguntar hace falta coraje y es mucho más cómodo hacer suposiciones, pero si lo examinamos de cerca, nos damos cuenta de que preguntar crea claridad mientras que las suposiciones crean sufrimiento.

En nuestras relaciones románticas, suponemos que nuestra pareja puede leer nuestra mente y nos enojamos si no pueden adivinar lo que queremos y no satisfacen nuestras expectativas. "Deberías haberlo sabido". "Cómo no haber sabido" bla, bla, bla . ¡Venga. Por favor!

Si alguien no nos llama, hacemos suposiciones, y si lo hacen, también los hacemos. Si no entendemos algo, suponemos lo que significa en lugar de preguntar lo qué significa realmente.

Suponemos que los demás ven la vida de la misma manera que nosotros, suponemos que piensan y sienten como nosotros, incluso hacemos suposiciones sobre nosotros mismos, sobre lo que podemos y no podemos hacer, la mayor parte del tiempo éste último sin siquiera verificar si podríamos hacerlo en realidad si nos tomamos el tiempo para aprenderlo (o ver un video de YouTube sobre cómo hacerlo).

Entonces, de una vez por todas, la mejor manera de deshacerse de todas esas suposiciones limitantes y perjudiciales es PREGUNTAR. Obtén claridad. Confirma que realmente entiendes lo que te están diciendo. No tengas miedo Una vez que sepas la respuesta, ya no tendrás que hacer suposiciones. La verdad se presentará justo frente a ti (a veces duele y no te gusta en absoluto) y puedes usar tu energía para cosas más importantes.

Cuando dejes de hacer suposiciones y comiences a hacer preguntas, tu comunicación alcanzará un nuevo nivel de claridad, libre de películas mentales, escenarios del peor de los casos imaginados y juicios. Aún mejor: una vez que tu comunicación sea clara, todas sus relaciones cambiarán drásticamente, algunas para mejor, otras para peor (estos últimos déjalos ir).

Deja de hacer suposiciones y comienza a hacer preguntas. Cambiará todo.

59 – No te tomes nada personalmente

Este es un capítulo difícil de escribir para mí. Luché mucho tiempo con eso de tomármelo todo personalmente y todavía lo hago de vez en cuando. Hazte un favor y no tomes nada de lo que sucede a tu alrededor personalmente. Incluso si alguien te llama idiota. No eres tú; son ellos. De Verdad. La mayoría de las veces no tiene nada que ver contigo. Es la proyección de sus propios problemas en ti (excepto si todo el mundo con quien te encuentras dice que eres un idiota, entonces quizás lo eres… en ese caso, piensa y reflexiona).

Siempre recuerdo esta pequeña metáfora: Si estás en una autopista y viene un coche en dirección contraria entonces este conductor obviamente está equivocado. Si vienen cien en dirección contraria es altamente probable que el que esté equivocado seas tu.

Bueno. Volvamos a lo nuestro. Lo que la gente te diga, bueno o malo, no es asunto tuyo. Solo TÚ tienes que saber quién eres. Supera la necesidad de querer tener siempre la razón. Recuerda lo que quieres: ¿Tener razón o estar en paz? Se inteligente. Elige la paz.

Antes mencioné que lo que te duele no es lo que otras personas te dicen, sino lo que te dices a ti mismo después. Son las heridas que aún no se han curado en tu interior. Si sabes que no eres un idiota; yo diciéndote que eres un idiota no te afectará en absoluto. De la misma manera que no te afecta si te digo que tienes el pelo azul cuando claramente no lo tienes.

Cuando tomo las cosas personalmente y me duelen, me detengo y reflexiono: "¿Por qué me afecta esto?", "¿En lo profundo de mi ser, tal vez piense que a lo que estoy reaccionando es verdad?" Que alguien te llame idiota, mal escritor, mala persona sólo puede afectarte, si en algún lugar profundo de ti, crees que lo eres.

Así no importa que lo que diga, piense o haga la gente, no lo tome personalmente.

Ni siquiera te tomes tu propia opinión sobre ti mismo demasiado personal. Y siempre recuerda lo que el Dr. Wayne Dyer dijo una vez: "Cómo te tratan las personas es su Karma, cómo reaccionas ante ello es el tuyo."

Ahórrate un poco de sufrimiento y no te tomes nada personalmente.

60 - Deja de pasar tiempo con las personas equivocadas

Hablamos mucho sobre llevarnos bien con la gente, ser amistosos, mostrar empatía en este libro, pero a veces las mejores técnicas no son lo suficientemente buenas. Como dije al principio, este libro no trata de convertirse en alguien que complace a las personas a todo precio. Se trata de relaciones honestas, buenas. La verdad es que no puedes llevarte bien con todos los que conoces y, a veces, simplemente "no hay chispa".

Es posible que estés tratando de aplicar lo que aprendiste en este libro y aún así no conectas con algunas personas. Wayne Dyer dijo una vez que aceptes que al 50% de las personas que conoces en tu vida no les vas a gustar, no importa lo que hagas, no importa lo amable que seas, no importa lo bueno que seas. Entonces, si te encuentras con alguien que no te quiere, piensa "Bueno, será del otro 50%" y sigue adelante. Y aún más importante: no intentas cambiarte para gustar a los otros o para que pasen tiempo contigo. No funcionará. Se autentico.

A veces, incluso tienes que responder ante el tipo de personas groseras, arrogantes y acosadoras de la forma en que ellos te hablan. Tratar de llevarse bien con las personas no significa que no puedas establecer límites o que tengas que dejar que las personas se aprovechen de ti. Es totalmente correcto e incluso necesario establecer límites que otros no puedan sobrepasar

Si deseas mejorar algo en la vida, tu autoestima, tu éxito, tu felicidad, debes observar muy de cerca con quién pasa el tiempo. Mantente alejado de las personas tóxicas y, en su lugar, elige la positividad de las personas que te apoyan en tu vida. Elige estar cerca de personas que te ayuden con tus fortalezas, mantente alejado de las personas que te menosprecian y por Dios ... deja de lado las relaciones que constantemente te hacen daño.

Pasa el tiempo con personas que te ayudan a motivarte, a obtener coraje y a tomar las acciones correctas. Mantente alejado de aquellos que agotan tu energía, te falten al respeto y te arrastren hacia abajo. Si estás cerca de ellos durante demasiado tiempo, pueden convertirte en una persona negativa y cínica con el tiempo.

Jim Rohn dijo una vez que eres el promedio de las cinco personas con las que pasas más tiempo y la ciencia lo ha demostrado una y otra vez desde entonces: las actitudes y las emociones son altamente contagiosas. Así que, una vez más: pasa tu tiempo con las personas que te motivan, creen en ti y sacan lo mejor de ti. Rodéate de personas que te empoderen.

La vida es demasiado corta para pasar tiempo con personas que no te tratan con amor y respeto. Déjalos ir y haz nuevos amigos.

61 - Deshazte del perfeccionismo

Si eres el tipo de persona que necesita que otras personas sean perfectas en las relaciones, estás condenado a encontrar la infelicidad en tus relaciones porque nadie puede estar a la altura de tus altos estándares. El perfeccionismo es el enemigo de las buenas relaciones, porque muy a menudo los perfeccionistas son extremadamente sensibles a las críticas, y siempre están a la defensiva.

Se pone aún peor cuando esperamos el perfeccionismo de nuestro cónyuge, pareja o amigos. Si esperas que otras personas sean perfectas, inevitablemente te sentirás decepcionado, lo que llevará a frustraciones y, en el peor de los casos, a la falta de aceptación del cónyuge, amigo o compañero.

El perfeccionismo también daña nuestras relaciones indirectamente, porque daña nuestra autoestima y nuestra falta de autoestima daña nuestras relaciones. El sentimiento constante de fracaso y la falta de autoaceptación que experimentan muchos perfeccionistas agotan su autoestima y, al mismo tiempo, hacen imposible desarrollar una autoestima saludable.

Los perfeccionistas también tienen menos probabilidades de intentarlo, y menos probabilidades arriesgar que son dos de los ingredientes principales para la felicidad y las relaciones saludables. También experimentan mucha ansiedad y estrés en sus relaciones porque hay un miedo constante al fracaso.

En lugar de ser un perfeccionista en tus relaciones, conviértete en una persona comprometida con la excelencia. Acepta que la perfección no existe. Es suficiente dar siempre lo mejor. A veces te acerca a la perfección, muchas veces no. No hay problema. Si realmente puedes aceptar esta verdad (es posible que tengas que practicar mucho), experimentarás mucha menos ansiedad, frustración y mejores relaciones.

Pasarás de experimentar sólo un alivio temporal en el mejor de los casos a disfrutar el viaje de tu vida, con sus altibajos e imperfecciones y niveles mucho más altos de felicidad en la vida en general y en tus relaciones. ¡Pruébalo! Funciona.

Deshazte del perfeccionismo y disfruta de una satisfacción duradera en tus relaciones.

62 - Resuelve tus problemas de inmediato

¿Alguna vez notaste que algunas personas gastan más tiempo y energía evitando y bailando alrededor de sus problemas, culpando a otros por ellos, que tratando de resolverlos? ¿Notaste que no es muy divertido estar con personas que siempre tienen problemas, y lo que es peor, sólo hablan de ellos y no hacen el menor esfuerzo por resolverlos?

Bueno, tengo algo mejor para ti:
Para asegurarte de que no te conviertas en una de estas personas; Resuelve tus problemas de inmediato. Enfréntalos ahora mismo. Comienza a trabajar en soluciones AHORA. Bailar alrededor de ellos o huir de ellos no tiene sentido porque vendrán a por ti. Te perseguirán. Si no los resuelves, se repetirán una y otra vez hasta que aprendas algo y estés listo para seguir adelante.

O incluso peor: si no los resuelves, se harán aún más grandes y algún día explotarán en tu cara. Si no resolvemos nuestros problemas, la vida usualmente encuentra su camino, y en general es peor que tratar con ellos en primer lugar. Piensa accidente, enfermedad, demanda, etc.

¿Alguna vez notaste que puedes continuar encontrando el mismo conjunto de problemas hasta que te detengas y resuelvas los problemas recurrentes? Por ejemplo, lo qu me pasó a mí: siempre tenía un problema recurrente en múltiples relaciones románticas hasta que lo resolví. ¡Que alivio!

No asumir la responsabilidad o tratar de posponer tus problemas es sólo una enorme pérdida de energía. Lo único que hace es aumentar tu nivel de ansiedad y que pases noches sin dormir, sintiéndote realmente mal.
Créeme, una vez que vayas en contra de todos tus temores (¿imaginados?) y confrontes y resuelvas el problema, te sentirás mucho mejor y descubrirás que fue mucho menos doloroso enfrentar el problema y resolverlo, que todo el proceso de evitarlo.

Si ves tus problemas como "retos", "oportunidades de aprendizaje", "oportunidades de crecimiento" o incluso "bendiciones", podría ser incluso más fácil lidiar con ellos y resolverlos de inmediato.

Seamos honestos. La vida es enfrentar a un problema tras otro. La diferencia es cómo enfrentas esos problemas, cómo lidias con ellos y qué aprendes de ellos. Recordando los problemas que tuviste en su vida, ¿no tuvieron cada uno de ellos algo positivo? Tal vez una pérdida en el negocio te salvó de una pérdida aún más significativa porque aprendiste de ella.

En tiempos realmente difíciles, puede ser muy beneficioso adoptar la creencia de que la vida / Dios / el universo solo pone un problema en tu camino si usted es capaz de resolverlo.

Resuelve tus problemas de inmediato y disfruta de relaciones mucho mejores.

Conclusión

Querida amiga, querido amigo. ¡Has llegado al final de este pequeño libro! Ha sido un verdadero placer comenzar el viaje junto contigo, pero ésto es solo el comienzo.

Espero sinceramente que te hayas divertido tanto leyendo este pequeño libro como yo me divertí escribiéndolo. Pero a estas alturas ya lo sabes: leerlo no es suficiente para llevar tus relaciones al siguiente nivel. El conocimiento de estos pequeños trucos y técnicas por sí solo no te servirá para mejorar tus relaciones con las personas e influenciarlas.

Es la aplicación de este conocimiento lo que llevará tus relaciones personales y profesionales al siguiente nivel. Tienes muchas herramientas valiosas en tu caja de herramientas ahora. De ti depende usarlos.

Si deseas una vida mejor, más felicidad, más éxito y mejores relaciones con amigos, colegas, socios y familiares, comienza a aplicar este conocimiento a partir de HOY. Ponlo en práctica en tu vida cotidiana.

No tienes que hacer todo a la vez. Empieza pequeño. Elige las propuestas que más te gusten y comienza a practicarlas en tu vida diaria. Ya sabes que algunos pequeños cambios pueden convertirse en algo enorme con el tiempo, al igual que el interés compuesto. Estos son métodos comprobados y probados en el tiempo. Funcionan. El problema es que, en general, solo un pequeño porcentaje de personas los aplican. Forma parte de este grupo. Conviértete en un hacedor - valdrá la pena.

Tu actitud será crucial. Mantén una mentalidad positiva incluso cuando las cosas no vayan tan bien. Recuerda, a veces, cuando estamos trabajando para lograr un objetivo, nos ponen a prueba.

Cuando estaba escribiendo este libro sobre cómo influir en las personas y tener relaciones significativas, tuve más situaciones "extrañas" con las personas (a veces muy groseras) que nunca antes. Estoy convencido de que fueron pruebas para poder aplicar las características aprendidas de inmediato.

Lo mismo podría pasarte a ti. Prepárate para aplicar lo que has aprendido.

Si tienes algún comentario o pregunta, no dudes en ponerte en contacto conmigo. Mi correo electrónico es marc@marcreklau.com. Respondo a todos los correos electrónicos, así que escríbeme si hay algo que quieras preguntar o si tienes alguna sugerencia de mejora.

Si te ha gustado el libro sería fantástico si me dejas un comentario en Amazon. Si puede ser de 5* pero sobre todo honesto :)

Te deseo todo el éxito del mundo con la gente. Ve y lleva tú vida al siguiente nivel.

Los mejores deseos,

Marc

Sobre el Autor

Marc Reklau es consultor de desarrollo personal, coach, conferenciante y autor de 9 libros, incluido el *bestseller* internacional *"30 Días - cambia de hábitos, cambia de vida"*, que desde abril de 2015 se ha vendido y descargado más de 200,000 veces y se ha traducido al ingles, alemán, japonés, tailandés, indonesio, portugués, ruso, chino y coreano entre otros.

Escribió el libro en 2014 después de ser despedido de su trabajo y, literalmente, pasó "Del paro a Amazon Bestseller" (que es el título de su segundo libro).

Con la edición de su libro Destino Felicidad por el mayor grupo Editorial de España Planeta en enero de 2018 se ha cumplido otro de sus sueños.

La misión de Marc es capacitar a las personas para crear la vida que desean y darles los recursos y las herramientas para que esto suceda.

Su mensaje es simple: muchas personas quieren cambiar las cosas en sus vidas, pero pocas están dispuestas a hacer un conjunto simple de ejercicios constantemente durante un período de tiempo. Puedes planificar y crear éxito y felicidad en tu vida instalando hábitos que te apoyen en el camino hacia tus metas.

Si deseas trabajar con Marc, comunícate con él directamente en su página de web www.marcreklau.com, donde también encontrarás más información sobre él.

También puedes conectar con el en Instagram, Linkedin o Facebook.

Otros libros de Marc que te podrían gustar

30 DÍAS - Cambia de hábitos, cambia de vida

Contiene las mejores estrategias para ayudarte a crear la vida que deseas. El libro se basa en la ciencia, la neurociencia, la psicología positiva y los ejemplos de la vida real, y contiene los mejores ejercicios para crear rápidamente un impulso hacia una vida más feliz, más saludable y más rica.

¡Treinta días realmente pueden hacer una diferencia si haces las cosas de manera consistente y desarrollas nuevos hábitos!

Más de 200,000 ventas y descargas desde marzo de 2015.

Del Paro a Amazon Bestseller

De Jobless a Amazon Bestseller te muestra el sistema simple, paso a paso, que el autor Marc Reklau utilizó para escribir, autopublicar, comercializar y promocionar su libro a más de 200,000 ventas y descargas en Amazon y en editoriales en el mundo.

La Revolución de la Productividad

¿Qué pasaría si pudieras aumentar dramáticamente tu productividad? ¿Qué pasaría si pudieras dejar de sentirte abrumado y obtener una hora adicional al día para hacer las cosas que amas? ¿Qué significaría finalmente tener tiempo para pasarlo con tu familia, un tiempo para leer o hacer ejercicio para ti?

Aprenda las mejores estrategias para duplicar tu productividad y por fin hacer las cosas en este libro.

¡Más de 15,000 lectores ya han mejorado su productividad!

Destino Felicidad

En este libro, el autor *bestseller*, Marc Reklau, te muestra ejercicios y hábitos científicamente comprobados que te ayudan a lograr una vida exitosa, significativa y feliz.

La ciencia ha demostrado que la felicidad y el optimismo se pueden aprender. ¡Aprende los mejores métodos científicamente comprobados para mejorar tu vida ahora y no te dejes engañar por la simplicidad de algunos de los ejercicios!

El Poder de la Gratitud

En su libro "El poder de la gratitud", el autor bestseller internacional y consultor de desarrollo personal Marc Reklau revela los beneficios científicamente comprobados de la gratitud. La gratitud se considera la mejor intervención, y la más impactante, de la psicología positiva. Cuando cultivamos la gratitud, cambiamos la forma en que sentimos lo que cambia la forma en que actuamos y, por lo tanto, nuestros resultados.

Estar agradecido por todo lo que tienes en la vida e incluso las cosas que aún no tienes cambiarán todo. Cuanto más agradecido estés, mejor será tu vida

Quiérete ¡y mucho!

Tener una autoestima saludable es ser feliz con nosotros mismos y creer que merecemos disfrutar de las cosas buenas de la vida, exactamente como cualquier otra persona en este planeta.

Nuestra autoestima afecta cada área de nuestra vida: nuestra confianza en nosotros mismos, nuestras relaciones con los demás, la pareja o el trabajo que elegimos, nuestra felicidad, nuestra paz interior e incluso nuestro éxito personal y profesional.

Este libro te muestra de una manera muy simple y divertida cómo aumentar tu autoestima haciendo algunos de los pequeños ejercicios que te presenta.

Una última cosa...

Si mis libros te inspiraron y quieres ayudar a otros a alcanzar sus metas y mejorar sus vidas, aquí hay algunos pasos de acción que puedes tomar de inmediato para hacer una diferencia positiva:

- Regala mis libros a amigos, familiares, colegas e incluso extraños para que ellos también puedan aprender que pueden alcanzar sus metas y vivir vidas geniales

- Por favor comparte tus opiniones sobre este libro en Twitter, Facebook e Instagram (¡etiquétame!) o escribe una reseña del libro en Amazon. Eso ayuda a otras personas a encontrar mis libros.

- Si eres dueño de un negocio o si eres gerente, o incluso si no lo eres, regala algunas ejemplares a tu equipo o empleados y mejora la productividad de tu empresa. Contáctame y te daré un descuento del 30% en compras al por mayor (Excepto en Destino Felicidad que es de PLANETA)

- Si tienes un Podcast o conoces a alguien que tiene uno, pídeles que me entrevisten. Siempre estoy feliz de difundir el mensaje de mis libros y ayudar a las personas a mejorar sus vidas. También puedes pedirle a tu periódico local, estación de radio o medios de comunicación en línea que me entrevisten :)